世界の中のハングル
세계 속의 한글

洪宗善 ほか著

矢島暁子 訳

三省堂

著　　者

洪宗善（高麗大学校）

朴榮順（高麗大学校）

石金浩（サンドル・コミュニケーション）

梅田博之（麗澤大学）

李得春（延辺大学）

ベルナ・サッセ（漢陽大学校，ハンブルク大学）

洪允杓（前 延世大学校）

宋喆儀（ソウル大学校）

李浩權（韓国放送通信大学校）

李商赫（漢城大学校）

　　訳　　者

矢島暁子

HANGUL IN THE WORLD（세계 속의 한글）
Copyright ©2008 by Hong Jong-Sun
All rights reserved.

No part of this book may be used or reproduced in any manner
whatever without written permission except in the case of brief quotations
embodied in critical articles or reviews.

Original Korean edition published by PAGIJONG PRESS
Japanese translation copyright ©2016 by Sanseido Co., Ltd.
Japanese edition is published by arrangement with PAGIJONG PRESS
through BC Agency, Seoul & HonnoKizuna, Inc., Tokyo

The WORK is published under the support of
Literature Translation Institute of Korea (LTI Korea).

装丁　三省堂デザイン室

発 刊 の 辞

　高麗大学校 民族文化研究院 国語研究所では，国語学の発展のための研究基盤の確立に寄与するとともに，社会に直接貢献することのできる研究成果の発掘，支援にも力を入れている。このため当研究所では所内の組織を大きく理論部と応用部の二つに分け，国語の理論的研究，国語と国語研究資料の収集そして国語の規範と教育及び情報化に関する研究を幅広く行っている。また，さまざまな学術行事を主催し，学術誌を発行することによって研究の成果を広く公開してきた。その成果の一部は「民研叢書 語文・民俗」として刊行し，学界の注目を集めてきた。今後も語文・民俗に関する叢書として深くて豊かな内容の本を刊行していく予定である。

　一方，国語研究所では，国語学研究の学術振興のために，厳正な審査を経て優秀な研究成果を選抜し支援する事業を行っている。対象は国語学の研究および注釈，翻訳とし，選定された研究については「民研国語学叢書」として発刊できるよう所定の研究費を支援している。

　最近，社会全体に人文科学への関心の低下が指摘されており，そうした研究への支援を軽視する風潮も強まっている。これは誠に憂慮すべき現象であり，人文学の重要性についての認識を高められるよう，研究者たちの更なる努力が求められている。民族文化研究院 国語研究所においても，人文科学の基礎となる国語学の発展に向けて倍旧の努力をしていく所存である。「民研国語学叢書」発刊支援事業は主に国語学を専攻する学者の研究を対象としているが，その成果は人文学界に少なからず寄与するものと期待している。こうした観点から，今後も本事業を継続していきたいと考えている。

　2008年12月　高麗大学校 民族文化研究院 国語研究所

所長 崔 鎬 哲 (최호철)
チェ ホ チョル

※本書の原書は「民研国語学叢書」シリーズの第 4 巻にあたり、前ページ「発刊の辞」はこの叢書シリーズのものである。

はじめに

　今日，世界化の時代を迎え，韓国語とハングルについての国際的な関心が高まっている。特に「ハングル」は自他ともに認める世界で最も卓越した表音文字の一つである。文字の構成原理が科学的で，音を表す機能に優れ，学習が容易なハングルは，その形の美学的な面でも第一級の文字と言われている。ハングルが注目を集めているこの時期に，世界の中でハングルが持つ意味を過去，現在そして未来の視点から考えてみることは，今後のハングルの発展のために必要なことであろう。

　こうした課題の重要性を認識して「韓国語学会」では2008年8月，「ハングル」をテーマに国際学術大会を開催した。ここで発表された70余りの研究論文のうち，ハングルについての認識に新たな視点を加えることのできる国内外の論文10編を要約してこの本に収録する。ハングルの創制*やハングル生活について論ずるもの，ハングル教育の歴史や海外のハングル教育を考察したもの，言語文字としての機能を超えたハングル文化に視角を広げた文もある。こうしたすべてがハングルの持つ価値であると同時に意味であり，未来を志向する上で意義を持つと言えるであろう。

　ハングルはこの5，6世紀の間韓国人の暮らしとともに歩んできたが，今後も韓国人の言語生活の一部であり続け，世界の中で韓国語とともに水準の高いハングル文化を作り上げていくであろう。しかし海外はもちろんのこと，国内においても未だにハングルをよく知らなかったり間違った認識を持っている人

---

* 第1章 訳注②（p.16）を参照。

も多い。本書では，ハングルについてより正確で開かれた理解ができるように，様々な分野からハングルに関連した研究報告を収めている。本書を通じてハングルについての知識を深め，韓国の文化を理解するのに少しでも役立つことを願っている。

 2008 年 12 月 10 日

著 　 者

目　　次

発刊の辞………………………………………………………………… i
はじめに………………………………………………………………… iii

1　ハングルとハングル文化
　　洪　宗　善 ………………………………………………………… 1

2　ハングルと韓国語教育
　　朴　榮　順 ………………………………………………………… 19

3　近代ハングル活字デザインの流れ
　　石　金　浩 ………………………………………………………… 35

4　日本における「ハングル」研究
　　梅田博之 …………………………………………………………… 49

5　新ミレニアムの中国におけるハングルの生命力
　　李　得　春 ………………………………………………………… 67

6　ヨーロッパにおけるハングル研究
　　ベルナ・サッセ …………………………………………………… 83

7　韓国語文生活史
　　洪　允　杓 ………………………………………………………… 93

8　反切表の変遷と伝統時代のハングル教育
　　宋　喆　儀 ……………………………………………………… 141
9　ハングル文献刊行の歴史 ―ハングル創制から甲午改革まで―
　　李　浩　權 ……………………………………………………… 169
10　言語文化史から見た訓民正音とハングル
　　―文字とその機能のイデオロギー的属性を中心として―
　　李　商　赫 ……………………………………………………… 191
訳者あとがき……………………………………………………… 211
索　引…………………………………………………………… 213

本書について
・原注は脚注とし，訳注と参考文献は各章末に置いた。
・訳注は当該語句や文の直後に「訳注①」と示し，後注とした。
・重要語句や人名（ハングル）には，適宜ルビを付した。

1

ハングルとハングル文化

洪宗善(홍종선)_{ホンジョンソン}

1. はじめに

　言語は，それ自体が文化であると同時に，あらゆる文化の基盤となっている。人間社会とその文化の核となる言語は，「(話す) 言葉：말_{マル}」や「(書く) 文字：글_{クル}」によって表現される。「文字」は言語文化の一部であるが，言語としての側面を離れても，非常に大きな文化領域に関わっている。今日世界では，文字を素材やテーマにした様々な文化が展開している。文字文化は，書体を開発して言語表現をしたり，文字を素材としてデザイン作品を制作するなどの形で具現化する。通常この分野はタイポグラフィ^{訳注①}と呼ばれるが，「ハングル」はタイポグラフィに非常に適した文字であり，ハングルの使用者は大きな関心と誇りを持って，積極的に関わっていかなければならない。

　日常生活のあらゆる面でデジタル化が進展している現在，ハングルのタイポグラフィは，新たな視覚文化の発展の中心的役割を担っていくことができるのである。近年，この分野に対する専門家たちの認識と一般人の関心も高まり，それに伴って成果も少しずつ現れてきていることは喜ばしいことである。本稿では，タイポグラフィの素材としてのハングルの価値を改めて検討し，最近のこの分野における成果を点検する。さらに，ハングルタイポグラフィのグロー

バル化に向けた課題について考察し，その過程で解決しなければならない問題点と将来の展望についても論ずることとする。

2. ハングル文字のタイポグラフィ

　訓民正音（ハングル）の文字が創制[訳注②]され，最初にハングルを使った印刷物として刊行されたのは木版本の『訓民正音（훈민정음）』（1446）である。続いて1447年に『龍飛御天歌（용비어천가）』が木版本で，1449年には『釋譜詳節（석보상절）』と『月印千江之曲（월인천강지곡）』が活字本として刊行された。これに続く『月印釋譜（월인석보）』なども含め，これら15世紀の刊行物に使われているハングルの書体は，シンプルでありながら力強い見事な形態を持っていた。ハングル文字のタイポグラフィは，出現の当初から高い水準にあったのである。

　その後，朝鮮時代末期に至るまで，諺解（언해）[訳注③]類や教化（啓蒙）書，類解（辞典）類，易学書，文集，文学書などハングルで書かれた文献が，木版本や活字本あるいは筆写本などとして刊行されてきた。これらのうち，刊経都監[訳注④]から刊行された諺解書は，世界の出版史上でも貴重なものと言われている。これらの文献に用いられたハングルの書体は，刊行された時代や印刷の方式によって様々であった。最初のハングルの文献である『訓民正音』解例本[訳注⑤]に使われている書体は，正方形の字形の中に丸や直線でできた字母が組み合わさったもので，筆書きには適しておらず，読み本位に作られた書体であった。その後，徐々に筆書きの感触を持つように変化し，中声字の長さが長くなり，字形も正方形を離れて造形性が生じていった。また，宮廷では宮体（궁체）と呼ばれる，文字列の右側の流れに軸を置く繊細な筆書き書体が，長い期間をかけて徐々に形成されていった。ハングル創制初期の，判読性本位に「束ね書き」[訳注⑥]をしただけの書体から，筆書きの肉筆を板刻した板本や活字本に使われた書体に変化し，さらに，主に宮廷の女性たちに好まれた優美な宮体が発達していったのである。その後，18世紀に入って，明朝体と呼ばれる新しい書体が出現

した（1995年，明朝体から「パタン（바탕：基礎）体」に名称が改められた）。この書体は，19世紀後半の近代開化期やその後の日本統治時代を経て，朴慶緒（박경서），崔正浩（최정호）らによってほぼ現在の形に整えられ，今や，ほとんどの活字媒体において本文用書体として使われている。

　今日ハングルには，現代人の感覚に合った，読み手の美的感覚を先導し，可読性もより高い新しい書体が待ち望まれている。英語のアルファベットには，長年にわたって様々な国で使われてきたことから数万を越える書体があるが，ハングルの書体は数千にも達しない。わが国の古典と呼ばれる文献の中には数多くの美しい書体があり，それらも参考にしながら新しい書体を開発していく必要がある。

　一般的に使われるハングルの書体には，本文体，題目体，トドゥム（돋음：角ゴシック）体，デザイン体，書芸体，脱四角枠（탈네모틀）体などの様々な類型があるが，それぞれの類型ごとに書体がさらに開発されなければならない。1991年，韓国政府文化部は「ハングル書体開発委員会」を編成し，「ハングル文字型制定基準」を作成して，文化基礎（문화바탕）体などの書体開発を数年間リードしてきたが，その後中断している。幸い，世宗大王記念事業会傘下の韓国書体開発院が1993年から毎年「ハングル書体公募展」を開催し，この分野の発展に大いに寄与しており，様々な団体や企業，個人が新たな書体の開発に取り組んでいる。

　ハングルは，韓国語の各音節を単位空間とし，各空間内に音素を表す字母を束ね書きすることを構造原理としている。単位空間は，横の線と縦の線，そして斜線と円などの字画によってシンプルかつ幾何学的に分割されるとともに，それぞれの字画の働きを定型化している。これによって，識別性を確保しながら，単位空間内の分割のバリエーションを最大化しているのである。また，文字と文字との単位空間同士の境界も明確であり，相互の独立性と構造的完結性が確保されている。歴史的に見ると，これまでのハングルのタイポグラフィは，このようなハングルの構造原理に忠実であることを基本として，それに筆書きの持つ柔軟性や美的感覚を付け足す程度の変化を加えたものであった。

しかし，現代では社会の様々な分野において，ハングルの文字構造が持つ機能性を生かしながら，新しい美的要素を積極的に導入することが求められている。ハングルの新しい書体の開発には，大きく分けて二つの領域がある。一つは，多くの知識や情報を提供する印刷物やコンピュータの利用に適した，可読性を重視したハングルフォントを作ることであり，もう一つは，ハングルを使って美的完成度の高いデザイン効果を産み出すことである。この可読性と美的完成度は両立されなければならず，相互に有機的に連携して互いの発展を助け，ハングル文化を作り出していくのである。

音節単位で束ね書きをするハングルは，従来，印刷をする際に多少の困難を伴っていた。韓国語の初・中・終声の組み合わせによって作られる各音節（文字）に相当する数千個の活字を用意して，その中から文字を一つ一つ探して植字するのは，「ばらし書き」[訳注⑥]の音素文字体系に比べて，多くの費用と労力が必要とされた。[1] このため，韓国は世界で最初に金属活字を発明した国であるにも関わらず，朝鮮時代の末期までは活字出版よりも木版本が普及していた。

こうした束ね書きであることによる難しさは，個人が筆記具を使って文字を書く際にはほとんど問題にならなかった。近代開化期まで主な筆記手段であった筆書きにおいても，西欧語などで見られる筆記体は特に必要とされなかったのである。しかし，その後入力が機械化されるようになって，個人の場合でも束ね書きの持つ難しさに直面することとなった。ハングルのタイプライターでは，文字入力の機能性と打ち出された文字形態の美しさのうち，どちらにより比重を置くかによって，入力方式が異なっていた。2ボル式と3ボル式，完成型と調合型など，標準キーボードをどのように設定するかについて激しい対立があり，いくつかの方式が混在したままコンピュータ時代を迎えた。

コンピュータは，ハングルを使った文字生活の様相を全く新しいものに変え

---

[1] もちろん，こうした難しさは漢字のような表意文字の出版に比べればずっと少ない。漢字もハングルと同様に一つの文字が一つの音節を表すが，漢字の場合には同じ音で異なる意味を持つ文字が数十個にも及ぶことがある。

た。タイプライターでは，どのような方式であれ，ハングルの文字の形をそのまま打ち出すのは難しかったが，コンピュータでは美しい形の文字を作り出すことができる。文字の入力から印刷に至るまで，一般人でも手軽に完成度の高いハングル文書の作成ができるようになったのである。初・中・終声字が結合した文字の造形は，コンピュータプログラムで処理されるが，その運用は，膨大な容量を持つコンピュータシステムではほとんど問題にはならない。また，文字造形のプログラムの開発も専門家の仕事である。[2] 束ね書きをするハングルでは，ばらし書きの文字体系の場合に比べ，プログラムの開発に当たる専門家の努力とコンピュータの容量が少しだけ付加されれば，問題は完全に解決できるのである。

コンピュータ利用において，文字体系の性能は，まず，入力性と可読性の能率によって判断される。これらの点において，ハングルは最も優れた文字体系であると言える。文字入力における優位性は，携帯電話での文字入力システムに表れている。ハングルは，わずか12個の文字盤で素早い文字の入力と再生ができ，しかもメーカーによって異なる入力方式の文字盤を作ることも可能である。ハングルは，英語のアルファベットを含め世界のどの文字言語と比べても，その便利さと完成度は断然際立っている。これは，子音字と母音字が体系上分離され，それらを一つの文字の中に組み合わせるというハングルの束ね書き方式の効果である。従来，文字生活において多少不便な面もあった束ね書きが，デジタル時代においてはむしろ大きな長所として作用している。

印刷された文字の可読性についてはどうであろうか。ばらし書きの文字体系においては，「分かち書き」[訳注⑦]が正しく行われていないと，音節や単語の境界を容易に探すことができず，読解がほとんど不可能になってしまう。しかし，ハングルの場合は，分かち書きがされていなくても容易に読むことができる。

---

[2] ハングルの字母は，初声19字，中声21字，終声27字であり，その組み合わせてできる文字数は11,172字である。そのうち，日常的に使用される字数は1,500字程度である。したがって，一つの書体をデザインするには少なくとも1,500字を作らなければならない。

昔のハングルの文献はほとんど全て「連ね書き」訳注⑦をしてきたことからも，このような表記法をした場合でも充分に読解できることがわかる。これもまた，子音字と母音字の分別と音節の境界がはっきりしている束ね書き方式のおかげなのである。もし，綴りや分かち書きを間違っていた場合でも，ハングルは読み手の側で容易に補正して正しく理解することができることも，可読性を高めるのに寄与している。

　さらに，視覚工学の観点からも束ね書き方式は能率的であると言われる。束ね書きをすることで，ばらし書きに比べて一つの単語の字数は少なくなる。一方，一つの文字を認識判断するのにかかる時間は，ばらし書きをする単一字素の文字に比べて，字素を組み合わせた束ね書きの文字（音節）がそれほど長くなるわけではない。我々の目は，通常6～10個の文字を一度に見ることができると言われている。ほぼ同数の文字が目に入ってきた場合，ハングルを読む場合の方が英語よりも多くの情報が得られる。したがって，束ね書きをするハングルは，ばらし書きをするアルファベットに比べて可読性が遥かに高いのである。

　よく，ハングルの短所として，主に直線で構成された四角い字形のため，配列された文字の変化が乏しく，可読性が低いという指摘をされることがある。しかし，四角い字形は漢字の影響もあったにしても，束ね書き方式の自然な帰結の形である。確かに四角い字形は変化に乏しい印象を与えるが，上述したように可読性を低下させるものではない。また，ハングルは画数が少なく，四角い文字の中が漢字ほど詰まってはいないので，実際には判読しづらい文字が多いわけではない。最近では脱四角形の書体が続々と開発されており，今後，四角形であることによる問題は克服されていくであろう。

　今日，コンピュータが言語生活に占める比重はますます大きくなっているが，新聞や雑誌，書物などに接する機会も依然として少なくない。これら紙の印刷物においては，表紙と中身のそれぞれに適したハングルタイポグラフィが必要であり，本の内容や種類によってハングルの書体を変えるのも当然だろう。特に表紙には，絵を含めた背景色との調和を考慮したタイポグラフィ

（フォントグラフィ）の制作が求められる。

　ディスク本や電子書籍の場合には，静止文字だけでなく，文字が動いたり色や大きさが変わるように組版することもできる。動的タイポグラフィを含む自由タイポグラフィ（free typography）の分野の発展が期待される。最近では，多くのテレビコマーシャルに動的タイポグラフィが使われており，今後さらに増加していくと考えられる。また，お笑いなどバラエティ番組でもハングルの字幕が頻繁に使われており，ニュース番組では，ニュースの内容の要約を画面の下方に字幕処理するのが今やほぼ定着している。韓国の３つの放送局全てが，トドゥム（角ゴシック）体を使った字幕を挿入している。字幕処理のためのハングルタイポグラフィの研究も必要である。

　近年，日常生活の様々な面でデジタル化が進んでいるが，アナログ文化の価値がなくなってしまった訳ではない。長い伝統を持つ東洋の筆書き文化は，今日においても大きな意義を持つものである。[3] 宮体を始めとするハングル書道の伝統を発展させながら，新しい書芸体とこれを応用したタイポグラフィを開発し活用することが求められている。

　ハングル表記の造形性を高め，その対象とするもののイメージを表現する方式としてロゴタイプがある。差別化された個性をアピールして象徴性を持ちながら，美しさを備え，可読性をも兼ね備えたロゴタイプが求められている。多くの団体や個人がこうしたロゴを作成し，ポスターなどの広告にタイトルロゴとして使用したり，ロゴをそのまま製品デザインに組み込んで使用したりしている。このようなハングルロゴのタイポグラフィは，書体の開発と相まって，ハングルのイメージと可能性を高める上で，相乗的な効果が期待できるのである。

---

[3] この東洋の書道に対して，西欧の文字を使ったアンフォルメル（非定型芸術），抽象表現主義やカリグラフィなどは，文字が言語的意味を有していないことから，書体的抽象美術として様式化するほかなかった。一方，我々は言語の意味と美的達成をともに獲得する，より豊かでインパクトのある美術世界を開拓することができる。ハングルのデザインにも，このような書芸が培ってきた伝統資産を充分に活用することができるであろう。

ハングルの文字としての長所や短所については，今後も継続して研究していかなければならない。外国の一部の研究者からの称賛の言葉に酔っていたずらに自負心を高めるのではなく，成熟した冷静な自己省察が必要である。また，ハングルが卓越した字形を備えていることに安住するのではなく，より多くの書体を開発，運用して，ハングルのタイポグラフィをさらに発展させていかなければならないのである。

3.　ハングル視覚文化の拡大

　文字は，その言語的意味が解読されることがなければ，模様として認識され，文字の線が作り出す視覚的な造形性，すなわちデザインの効果は，美的感覚として認識されることになる。ハングルのデザインは，ハングルの各音節の単位空間の分割を適切に多様化するところから始めるのが良いであろう。各音節の線の引き方や空間使用の変化を積極的に追求することを通じて，美的効果の最大化を模索していくのである。可読性の可能領域を広げながら，ハングルを使った美的な視覚文化の拡大を目指していかなければならない。文字の元来の属性である意味伝達の機能に忠実な機能的タイポグラフィに比べ，実験的タイポグラフィでは，線と空間を変化させて新たな美的価値を生み出すことに，より多くの関心を置くのである。これは，20世紀初頭にアポリネール（G. Apollinaire）がカリグラム（calligramme：視覚詩）の作品によって試みたことと通じると言えよう。

　元来，意志伝達の手段としての文字であるハングルをデザインの素材とすることは，一つの分野における高度な到達点を基盤として，そこから他の分野での成果を産み出すことを目指す新機軸であると言える。このような新機軸の導入により，新しい体系のもとで，さらなる到達点を目指して美を作り出す活動を多様に展開していくのである。ハングルは，初・中・終声の位置と役割が定型化された文字として，字形や単位空間の分割はほぼ完成の域に達しており，ここに新しい変化をもたらすのは容易なことではない。しかし，このような空

間使用のあり方も大きな転換点に差し掛かっており、斬新な視点と意欲的な高い能力をもってアプローチするならば、新しい世界を作り出すことは充分に可能なのである。

　ここで問題にしなければならないのは、まず、「ハングルは、果たして美的なデザインの素材としてふさわしいか」ということである。構造や機能面で完璧であるからと言って、それが当然に美を創出するとは限らないのである。また、「ハングルのデザイン化は、今後も発展し続けることができるか」ということについても検討されなければならない。しかしながら、これらの点に関しては、以下に述べるように、ハングルはすでに様々な検証を受け、充分に適性と可能性があることが立証されている。

　最近、デザインを専攻する研究者たちがハングルのデザイン化に関心を示しており、一般の研究論文に加えて、修士・博士学位論文も毎年4、5編以上提出されている。これらの研究論文は一様に、ハングルはデザインの素材として高い適性があり、今後更なる発展の可能性があると結論づけている。一部の論文では、ハングルのデザインが世界に通用することを示すために、研究者自らが開発したデザイン作品を実際に提示している。これらの作品は概ね優れたデザイン作品となっており、実用性も兼ね備えている。ハングルのデザインは、書籍、案内状、広告、道路標示、商店の看板、建築物、建築の内装、各種装飾品、彫刻、陶磁器、文房具、伝統美術品などほとんど全ての製品に幅広く導入されている。韓流戦略研究所から出版されている『私たちの美しいハングル（아름다운 우리 한글）』（2006）には、ハングルがデザインされた様々な分野の芸術作品や文化的な商品が掲載されており、日常生活の多くの場面に美しいハングルのタイポグラフィを取り入れることができることを感じさせる。

　ハングルデザインの製品に対する韓国人の関心も高まってきている。特に、国際化に馴染んでいる若年層にこの傾向が顕著であり、インターネット上の彼らの反応に如実に現れている。ハングルデザインの製品に接した外国人の反応も、多くは非常に良好である。これはお世辞でも、なじみの薄い対象への単なる好奇心といった次元のものでもないと考えられる。

韓国イメージコミュニケーション研究院（CICI）では，2006年に国内外の企業経営者，外交官など554名のオピニオンリーダーを対象にアンケート調査を行った。「大韓民国」と聞いて思い浮かぶこと（象徴）として，韓国を訪れたことのある外国人（207名）のうち36.71％が「太極」を選択し，これに続いて「ハングル（19.81％），先端技術と伝統（15.46％），キムチ（7.25％），チマチョゴリ（韓服）（7.25％）」の順であった。また，韓国人（347名）では，28.24％が「ハングル」と答え，続いて「太極（19.31％），先端技術と伝統（12.39％），キムチ（10.37％），チマチョゴリ（10.09％）」という結果であった。韓国人，外国人のどちらも，韓国で暮らしたことのある人は，「ハングル」に高い関心を示しているのである。この結果から，さらに，ハングルデザインを使用した製品に対しても，彼らから良好な反応が得られると解釈することも可能である。「キムチ」や「チマチョゴリ」が韓国の生活文化を代表するものであるとしたら，「ハングル」は韓国の精神面を代表するものと言うことができる。高い性能を備え，内外からの評価も高い「ハングル」は，文化商品の素晴らしい素材であり，テーマとなるであろう。ハングルデザインに対する内外からの評価が高まるのに伴って，これをさらに広めていこうとする試みが増えている。政府の支援も受けて，様々な事業が展開されて成果を挙げており，商品化される製品も増え続けている。

　しかし一方，ハングルという文字は韓国や韓国語を離れても，それ自体として価値や使い道を見出すことができる。ハングルは表意文字ではなく表音文字であり，また表記の手段というだけでなく，それ自体が美的な要素を有している。このように，ハングルがデザインの素材としても大きな可能性を持つのであれば，言語的表現を行うことを前提としたタイポグラフィの領域を越えて，新しい文字デザインの世界を創り出すことができる。言語表記媒体としてのデザイン作品化が第一次的な（第一段階の）ハングルデザインであるとすれば，言語文字としての意味にとらわれず，美的要素のみを変化，発展させ，デザイン作品を作り上げることは第二次的な（第二段階の）ハングルデザインと言えよう。韓国国内で作られたハングルデザイン作品には第一段階のものが多く，

その言語的意味が作品の理解や評価に何らかの相乗効果をもたらしている。一方，第二段階のハングルデザインは，ハングルの言語的意味には関わりなく，デザイン的な要素のみを取り出し作品化するのである。

　しかし，ハングルデザインは，ここでもう一歩次の段階に進むことができる。そこでのハングルは，視覚美を作り出すための原初素材に過ぎず，言語とのいかなる関係も捨て去るのはもちろんのこと，形態性に固執することもしない。ハングルが抽象化や反形態主義の道を行く可能性もあるのである。これを，第三次的な（第三段階の）ハングルデザインと言うことができる。この段階になると，ハングルデザインにおいても，前述した西欧のアンフォルメル（非定型芸術）や抽象的表現主義に比肩し得る美的達成が可能となり，ハングルはイメージ世界の具象と非具象を区別なく行き来するオブジェになるであろう。その結果，ハングルはカリグラフィやレターアートなどの「書体文字美術」の枠を越えて，純粋美術の分野において，表現世界を拡大するのに大きく寄与することが期待できる。20世紀に入り，キュビズム，ダダイズム，ポップアートなどの芸術運動を経て，文字はイメージの世界を開拓してきたが，ビジュアル映像の時代に入り，イメージタイポグラフィが文字デザインの世界を席巻している。第三段階のハングルデザインは，このトレンドに対しても能動的，積極的に関わっていくのである。

　ハングルデザインの第二段階と第三段階には，外国人も容易に入っていくことができる。ハングルは，韓国人にとって最高の生きた文化遺産であるが，韓国人だけではなく，世界の人たちが広く共有して多様に育てていくことが，ハングルのさらなる発展への道と言えよう。ハングルは500年以上韓国人とともに生きてきたので，ハングルデザインはまず，韓国の文化や固有の産物と調和したデザイン作品の中で開発されるのは自然なことだが，国内で充分な成長を遂げた後には，その適用領域を拡大して，世界の文化の中で居場所を広げていくことができるのである。

　ハングルのデザインには，今後克服しなければならない問題も多い。まず，美的感覚を得るためには文字の形態を多様化しなければならないが，方形とい

う基本構造を変化させながらハングルらしさを維持することは，それほど容易なことではない。その上，ハングルを使用しているのがほとんど韓国人だけであり，外国人に広く使われている文字ではないということも，デザイン制作を行うにあたっての文化的多様性の確保という面で，今後のハングルデザインの発展の制約になる可能性がある。対外的に閉鎖的な面のある韓国の文化や意識構造も，幅広い視点を持つことを困難にしている。幸い，近頃は排他的な意識も変化してきており，今後はこうした傾向は薄まっていくと考えられる。愛国心ゆえの，あるいは無条件のハングルに対する崇拝は，批判を通じた発展を阻害しかねない。理性的な判断や知識をなおざりにして，感性だけでハングルを崇拝するような姿勢では，ハングルデザインのこれ以上の発展は望めないであろう。

　ハングルのデザイン文化の発展には，上記のような困難な点もあるが，肯定的な要素も多い。何よりも，ハングルが持つ優れたデザイン的要素は，ハングルが素晴らしいデザインの素材になることを示している。ハングルの使用人口が多く，そのデザイン作品に対する潜在的な需要が充分あることも，ハングル文化の発展の大きな力になる。国内居住の4000万人に加えて，海外の同胞700万人がおり，これだけの数の人々が，ハングルデザイン作品の潜在的な消費者として期待できるのである。韓国人の自国のものに対する強い愛着心も，ハングルデザイン作品に対する需要を高める要因となる。これまでは英語のアルファベットなど外来文字が入ったデザインを好む傾向が強かったが，近頃はこうした傾向にも変化の兆しが現れている。また，韓国人の持つ繊細な美的感覚と高い文化水準は，今後，ハングルデザインの質の向上を牽引する役割を果たすであろう。韓国がインターネットなど先端情報技術の先進国である点も，デジタル時代において大きな意味を持つ。デザイン作業がデジタル化されるのに伴い，この分野に習熟した韓国人の活躍の場はさらに広がっていくと考えられる。

4. ハングル文化のグローバル化

　文字学に少しでも関心を持つ人は，ハングルが世界の文字の中でも独創的で優秀であることを認めている。それは，ハングルが言語の表記システムとして科学的，機能的に卓越しており，美しさの面でも遜色がないということである。このようなハングルを活用して知識，情報を活発に伝達するとともに，ハングルのデザインを発展させ，素晴らしい美的成果を生み出していくことは，ハングルの使用者として，世界の言語文化の発展のために果たすべき当然の役割と言えよう。

　現在，文字を持たない民族のために，ハングルを使って新しく文字を作る運動が進められているが，こうしたことはあまり急ぐと一方的な押し付けになってしまう可能性が高い。ある言語を新しく文字化するためには，使用される文字体系が，その言語の発音をどれだけ忠実かつ効率的に書き表すことができるかということがまず考慮されなければならない。この点において，ハングルは字素文字として世界のどの言語の文字と比べても，音声を転写する機能に優れており，その資格は充分にあると言えよう。

　しかしながら，ある言語圏に新しく文字を導入するには，こうした点だけでなく，その文字を使用する人々の自尊心や今後の国際社会での活用性，周辺国との関係など，様々な要素も考慮されなければならない。ハングルならびに韓国語は，使用人口としては世界の言語の中で12番目であるが，現在世界で幅広く使用されている主要言語には入っておらず，韓国の国際的な位置付けも，現状では他の民族がハングルを採用するのに充分な説得力があるとは言えないであろう。したがって，ハングルを他の言語の新しい文字として採用する場合には，受け入れ側と提供側とで様々な条件について誠実に検討，論議し，その効果について充分な認識の一致が必要となるのである。

　2007年，韓国語が特許協力条約（PCT）の国際公開語に正式に採択された。これまで国際特許協力条約による国際公開語は，英語，フランス語，ドイツ語，日本語，ロシア語，スペイン語，中国語，アラビア語の8か国語であっ

たが，今回，韓国語とポルトガル語が加わり全部で10か国語となった。韓国語が国際機構において初めて公式言語として認定されたのである。このように韓国語が国際的な舞台で主要言語として認められていけば，ハングルの位置付けが高まり，それに伴ってハングルに関連したデザイン作品もその価値を認められ，需要も増えていくであろう。

　前章で紹介したアンケート結果は，韓国人だけではなく，外国人もハングルに強い印象と関心を持っていることを示している。このことから，ハングルデザインやハングルに関連した作品が，その完成度を高めていけば，外国人からも高い評価と反応が得られることが期待できるのである。そのためには，韓国とハングルに対する外国人の理解と認知度を高めるための地道な取り組みも必要である。ハングルに対する正しい理解を広めていく上で，ハングルや韓国語の海外への普及促進が重要であり，海外の同胞だけでなく，現地の外国人を対象とした韓国語・ハングル教育を積極的に展開していかなければならない。

　しかし一方で，ハングルには韓国語との関係を離れて，独自に歩む一面も求められる。純粋にデザインの素材として，世界中のデザイナー，芸術家，商品製作者がハングルを使用するのである。これは前章で述べた第二段階や第三段階にあたるハングルデザインであり，ハングルがデザインの原初素材となるということである。ハングルが世界中の芸術家によって利用され，その作品が広く人々から受け入れられるようになれば，国内外でハングルに対する関心も高まっていく。そのことは，世界の中での韓国語の使用拡大と，それに伴う韓国語教育の普及促進に大きく寄与することにもなるであろう。

　外国人にハングル文化を広く知ってもらうことも大事だが，より重要なのはハングル文化の優秀さを認識してもらうことである。そのためには，まず韓国人が，ハングルとハングル文化についての深い認識を持ち，水準の高いハングルデザインの作品を生み出していかなければならない。外国人が，韓国の象徴としてハングルを連想する程度で終わってしまうのでは，あまり意味がないのである。ハングルとハングル文化について，外国人からもその優れた点が正しく理解されるようになったとき，ハングルは，世界の文化の発展により一層貢

献することができるであろう。

5.　おわりに

　ハングルを韓国文化の象徴として広く知ってもらうためには，ハングルの独創性や優秀性を外国人からも共感を得られるように海外にPRするとともに，ハングルを素材やテーマとした文化的な作品や成果を積極的に生み出していく必要がある。それは，純粋な学術研究の成果として発表されたり，水準の高い芸術作品として具現化したり，品質の高い商品や，韓国を紹介する冊子の形をとったりするであろう。こうした様々な方法は，いずれも取り組んでいくべきことであるが，より重要なことは，韓国人自身がハングルの優秀性を深く認識し，水準の高いハングル文化を創出することである。

　最も優れた言語文字の一つであるハングルは，タイポグラフィの開発を進める上でも素晴らしい素材になること，また，ハングルを素材としたデザイン作品が少しずつではあるが現れてきていることを，様々な分野について確認することができた。このように，ハングルは韓国語の表記手段であると同時に，この機能を離れても，それ自体に文字デザインの原初素材としての価値があるのである。ハングルデザインが大きな成果を挙げれば，国内外で人々の韓国語に対する親近感や関心も高まっていくであろう。

　しかしながら，現状では，ハングル文化振興のための基礎的な研究と開発は全くと言えるほど不足している。世界で最初に金属活字を作り出すなど，タイポグラフィに関しては世界で最も長い歴史を持つ韓国であるが，これまで，ハングルの大切さはあまりにも疎かにされてきた。今，デジタル時代を迎え，ハングルの書体の開発からハングルを素材とした文化全般に至るまで，韓国語学，視覚デザインなど全ての芸術分野，さらには出版・書誌学，電算学など様々な分野と産業界がともに力を合わせて，あらゆる面で完成度の高いハングル文化を作り上げ，国内外に広めていかなければならないのである。

訳　注

① **タイポグラフィ（typography）**　「文字」という意味を持ったギリシャ語の「typo」と，「書法」あるいは「記述」を意味する「graphy」の結合した語である。西欧において，木版印刷と区別して活字による印刷術を表す言葉として使われるようになったが，産業革命以降デザインが重視され，この言葉は徐々に活字表現全般を意味するようになった。今日では，媒体を通じた伝達に際して，機能面と美的な面の両面から活字を効率的に運用する技術や学問を意味している。（2008年 第2回韓国語学会国際学術大会 著者発表資料より）

② **創制**　訓民正音を最初に作り定めたこと。『訓民正音』解例本の本文5行目に「新制二十八字」とあり，同書の鄭麟趾の後序にも「殿下創制正音二十八字」とある。「創製」と表記されることもあるが，「ハングルを国字として作り定めた」という意味で，本書では原則として「創制」と表記することとする。

③ **諺解**　漢文を韓国語に訳し，ハングルで記したもの。

④ **刊経都監（간경도감）**　朝鮮王朝第七代の王，世祖が仏典の翻訳を行うために1461年に設置した機関。短期間のうちに多くの経典の翻訳（諺解）と刊行を行ったが，1471年に廃止。

⑤ **『訓民正音』解例本**　『訓民正音』（1446）の版本のうち，本の全体が完全に揃った木版本で，1940年に発見された。世宗御製の序文，例義，解例，鄭麟趾の序文から構成され，解例を含むことから，「解例本」と呼ばれている。韓国の国宝第70号。1997年ユネスコ世界記録遺産に登録。

⑥ **「束ね書き」と「ばらし書き」**　音素を表す字母を複数組み合わせて一つの文字を作るハングルの「束ね書き（모아쓰기）」方式に対して，英語のアルファベットのように，一つの音素を表す字母を一つの文字として書く方式を「ばらし書き（이어쓰기）」と言う。

⑦ **「分かち書き」と「連ね書き」**　文を書く際に文節や単語ごとに区切って書く方式を「分かち書き（띄어쓰기）」と言い，これに対して，単語や文節で区切らずに続けて書く方式を「連ね書き（붙여쓰기）」と言う。

参　考　文　献

김진평（キムジンピョン）(2009)「1700년대 이후의 한글 본문용 활자체 구조의 변천과정（1700年以降のハングル本文用活字体構造の変遷過程）」．(http://onhangeul.tistory.com/75)

김학성（キムハクソン）(1986)『레터링 디자인（レタリングデザイン）』，チャンミ出版社．

박병천（パクビョンチョン）(2000)『한글판본체연구（ハングル板本体研究）』，一志社．

이기성・고경대（イギソン・ゴギョンデ）(2006)『출판개론（出版概論）』，ソウル出版メディア．

정병규（チョンビョンギュ）(2008)「훈민정음과 한글 타이포그래피의 원리（訓民正音とハングルタイポグラフィの原理）」，『한글 시각문화의 향방（ハングル視覚文化の行く先）』，世宗大王生誕611周年記念シンポジウム（国立国語院他主催）発表要旨．

허경무・김인택（ホギョンム・キムインテク）(2007)「조선시대 한글 서체의 유형과 명칭（朝鮮時代のハングル書体の類型と名称）」，『ハングル』275．

デジタルハングル博物館：http://www.hangeulmuseum.org/

韓国イメージコミュニケーション研究院：http://www.coreaimage.org/

〈訳者追記〉

韓流戦略研究所 (2006)『아름다운 우리 한글（私たちの美しいハングル）』，オムンハクサ．

ハングルタイポグラフィに関するウェブマガジン『オンハングル』
　　　：http://onhangeul.tistory.com/

2

ハングルと韓国語教育

朴榮順(박영순)
パクヨンスン

序論

　本稿は,韓国語の文字体系であるハングルについて,その優秀性と世界における位置付けを概観し,韓国語のグローバル化のための方策を提示することを目的とする。まず,韓国語の母語話者の数,外国における韓国語教育と研究の現状や,国際機構や協約における公式言語としての認定の状況などについて総合的に検討する。その結果から,韓国語は世界の10の主要言語の一つであることを示し,こうした位置付けを踏まえ,第二言語あるいは外国語としての韓国語教育において,ハングル教育の一層の充実が必要であること,またそのための研究の強化が求められていることを明らかにする。

1. ハングルの文字としての優秀性

　世宗大王によって創制されたハングルは,当時の思想と学問の成果が凝縮された高度な発明品である。母音は,天地人を象徴する「・,ー,丨」を根幹として,それらを組み合わせたり画を加えて,合わせて10の母音字[訳注①]を作った。子音は,発音される際の発音器官の形を模写して,根幹となる「ㄱ,ㄴ,

ロ，ㅅ，○」を作り，それに画を加えたり形を変化させて，合わせて14の子音字^{訳注②}を作り出した。1443年の創制当時にはさらに4つの字母があったが，現在では使用されていないのでここでは議論の対象としない。

　現代の言語学理論から見ても，これ以上の文字体系を作り出すことはできないと言われるほど，ハングルは完璧な文字体系である。明確な文字形成の原理によって体系的に作られている点で科学的であり，既存の文字を模倣したり変形したのではなく，独自の創制原理に基づいて作られたという点において全く独創的である。また，文字の創制にあたって，当時の天地人や陰陽五行の思想が反映されているという点においても，独創的である。

　朴昌遠（박창원，2005：24-5）は，ハングルの制字原理を（1）文字と音の調和，（2）分類と分析そして総合の調和，（3）観察と象形であるとしている。ハングルは，人の発音をまず観察して，それに基づいて文字（字母）が作られている。このような独創的な方法で創制され，「文字と音」の調和した文字は，他には存在しないのである。また，（2）の「分類と分析」というのは，訓民正音，すなわちハングルの創制に当たって用いられた2分法，3分法，5分法のことを言う。2分法は，ハングル創制の重要な原理となっている陰陽^{訳注③}のことであり，3分法は，聴覚上の単位である音節を，初声，中声，終声の3つの音素に分析したことを言う。また母音の制字に当たっても，「・，ㅡ，ㅣ」→「ㅏ，ㅓ，ㅗ」→「ㅑ，ㅕ，ㅛ」などのように，3段階で音と文字（字母）を結びつけている。子音の制字においては，5分法を適用して「牙舌唇歯喉」の5つの音声系列に分類し，発音時の形態を模写して文字（字母）を作り，さらに発音の強さの程度に従って3分法を適用し，画を加えたり（ㄱ→ㅋ），同じ字母をもう一つ書いて（ㄱ→ㄲ），激音と濃音^{訳注④}の字母を作り出したのである。

　ハングルは，創制当時の思想に基づいて，聴覚的な観察と視覚的な記号表現を総合化し，簡潔で体系的，合理的に作られた現代から見ても完璧な文字体系である。このため，簡単に楽しく学べるという特徴がある。このように科学的，体系的で，しかもわずか24個の文字（字母）で構成されたアルファベッ

トはハングルの他にはない。その24個の文字（字母）も，全く別々のものではなく，3つの母音字と5つの子音字を基にして，それに画を加えるなどによって系統的に24個の字母を作り出したのである。

このわずか24個のアルファベットでどんな思想や感情でも表現でき，しかも簡単明瞭な文字で，習うのも教えるのも容易である。こうした点から見ても，ハングルに比肩しうるような文字体系はないと言えよう。1997年，国連はハングルのこのような文字としての優秀性を認め，毎年識字率の向上に大きな貢献をした個人や団体に送られる賞の名前を「King Sejong Prize」と命名した。

ハングル創制の意義として，学界では以下の3点が提示されている。

(1) 人類の文字の歴史を進化させた。

　　宋基中（송기중，1991：174）が指摘するように，世界の他の文字がその進化過程において既存の文字をそのまま踏襲したり一部を変形して使用してきたのとは異なり，ハングルは全く独創的な文字である。また，他の文字が表音文字か表意文字のどちらかであるのに対し，ハングルは，表音文字でありながらも表意的な内容が内在している。こうした点において，文字の発達史の段階を大きく前進させたものと言うことができる。

(2) 韓民族の固有の文字を確保することとなった。

　　ハングルの創制以前は，韓国語は漢字を直接，間接に使って表記していたため，文字生活を享有できるのは一部の知識層のみに限られていたが，訓民正音の頒布によって，全ての国民が自由に文字生活を営めるようになり，民族文化が花開いていった。

(3) 人類史上初めての創制原理，創制者，創制時期が明確な文字である。

　　訓民正音が作られる以前の文字は，いつ，誰によって，どのような原理で作られたのかは知られておらず，伝えられたまま，あるいは少しの変更を加えて使用されてきた。しかしハングルはこうしたことが全て明らかとなっており，しかも科学的かつ体系的で，簡単明瞭な文字体系として，人

類の文明史に大きな足跡を残すこととなったのである。

　筆者は，このハングル創制の意義にさらにもう一つ付け加えたい。
　世宗大王が「訓民正音（民に訓える正しい音）」と命名したことに表れているように，それまで少数の支配層のみが営んでいた文字生活を，「全ての民が皆平等に享受できるように」との指導者の深い志を込めて創制されたという点において，ハングルは類い稀な文字なのである。このハングルの普及によって，比較的早い時期に国民の文盲率は大きく低下し，誰もが文字を使って情報伝達や通信が行えるようになり，文学に親しむこともできるようになった。
　さらに，21世紀のインターネット時代を迎えて，コンピュータへの優れた適合性を持つハングルは，一層輝きを放っているのである。

2.　世界の主要言語とその人口数

　世界では，約6000の言語が66億の人々によって使用されている。しかしその内80％以上の人々が使っている言語は数十個に過ぎず，残りの多くの言語は，話者数が多くて100〜200万人，少ない場合には数万人ほどの群小言語である。言語は，それを使う人がいる限りなくなることはない。たとえなくなることがあるとしても，それは文字体系を持たないような群小言語であり，話者数の多い主要な言語は，必ず生き残るであろう。そこで，韓国語の世界における位置付けについて考察し，韓国語振興の方策を探ってみることにしよう。
　韓国語がすでに世界の10の主要言語の一つであるという事実は一般にはあまり知られていない。韓国語の位置付けが近年高まったのは，韓国の経済発展によるところが大きいが，ハングルという文字体系自体の優秀性も大きく寄与している。前述したように，ハングルは，創制者，創制時期，創制原理が分かっている世界で唯一の文字であり，科学的，独創的で，しかもシンプルなので習うのも教えるのも容易で，コンピュータでの使用にも完全に適合した文字であるということである。さらに，アジアの国々を経て広範囲に広がっている

韓流の波も，韓国語の位置付けを高めるのに寄与していると言える。

　世界各国の人口は，2008年末現在，以下の通りである。

　中国（13億人），インド（11億），アメリカ（3億），インドネシア（2億3000万），ブラジル（1億9000万），パキスタン（1億6000万），バングラデシュ（1億5000万），ロシア（1億4000万），ナイジェリア（1億3000万），日本（1億2000万），メキシコ（1億1000万），フィリピン（9600万），ベトナム（8600万），ドイツ（8200万），エジプト（8100万），エチオピア（7600万），韓国・北朝鮮（7400万），トルコ（7100万），フランス（6800万）の順となっており，人口で見ると韓国（北朝鮮を含む）は現在世界で17位である。

　しかし，言語としての位置付けは，世界で10位以内に入ると言える。まず，韓国よりも人口が多い国のうち，インド，パキスタン，バングラデシュ，ナイジェリア，エチオピアの言語であるヒンディー語，ウルドゥー語，ベンガル語，ハウサ語，アムハラ語は，それぞれその国でのみ使われ，第二言語や外国語として研究されたり指導，学習されることが極めて稀である。さらに，インドネシア語，ベトナム語，フィリピン語（タガログ語）も，他の国で研究されたり指導，学習されることが韓国語に比べて著しく少ない。これら8つの言語を除くと，韓国語は9番目くらいに位置していることになる。

　経済力などを総合してみても，やはり韓国語が世界の10の主要言語の一つに入るのは明らかである。2007年の世界のGDPは，アメリカ，日本，ドイツ，中国，イギリス，フランス，イタリア，スペイン，カナダ，ロシア，インドの順であり，韓国はその次の12位である。これらの国のうち，アメリカ，イギリス，カナダは全て英語を国語としているので，言語の面から見れば韓国は世界で10位になる。さらに，インドは英語を公用語としており，国語であるヒンディー語は外国で教えられることがほとんどないので，インドを除くと9位になる。

　以上を総合して見ると，世界の言語の位置付けは次の順になり，韓国語は世界の10の主要言語の一つと言って良いのである。

1. 英語，2. 中国語，3. スペイン語，4. アラビア語，5. ドイツ語，
6. フランス語，7. 日本語，8. ロシア語，9. 韓国語

(なお，フランスとドイツは人口やGDPは日本より順位が低いが，その言語はヨーロッパやアフリカで広く使用，教育されており，特にフランス語はカナダで第二公用語として使われていることを考慮して，日本語よりも高い順位とした。)

　韓国語の重要度は今や世界の10位以内に入ることは，国力を表す様々な事象からも確認することができる。1997年以来，アメリカの大学入学資格試験SAT IIに，韓国語は9つめの語学科目として選定されている。2007年スイスのジュネーブで開催された第43回WIPO (World Intellectual Property Organization：世界知的所有権機関) 総会において，韓国語がPCT (Patent Cooperation Treaty：特許協力条約) の公開言語に採択された。2007年現在，韓国は特許出願件数において世界第6位であり，出願件数が多いことから，公式に指定されたのである。非常に喜ばしく，誇らしいことである。PCT公開言語は，国連公用語の6か国語 (英語，フランス語，スペイン語，中国語，ロシア語，アラビア語) に日本語とドイツ語が追加され，この総会で韓国語とポルトガル語がさらに追加され，全部で10か国語になった。2009年以降は，韓国語で特許が出願できることになったのである。

　2008年現在，67か国756大学において韓国語講座が開設されており，中・高等教育においても，アメリカ，日本，中国，オーストラリア，台湾など世界各国で，韓国語を第二言語として教える学校は数百校に及んでいる。こうした点を総合して考えると，韓国語の位置付けは世界で8～9番目であると見て間違いないものと思われる。

3. 外国における韓国語教育の現況

　2007年現在，全世界に住んでいる同胞の数は約700万人余りである (中国270万，アメリカ240万，日本90万，独立国家共同体55万，ヨーロッパ11

万，中南米10万など）。外国における韓国語教育機関としては，在外同胞のために韓国政府が設立した14か国26校の在外韓国学校に加え，14か国35校の韓国語教育院，94か国2070校以上のハングル学校がある。このうち在外韓国学校には政府から46名の教員が派遣されており，在学中の学生数は8646名である。

　2007年4月，教育人的資源部は，暮らし向きの苦しい学生の学業を支援し，教育機会を拡大するために，在外韓国学校に通う低所得層子女400名（在学生の約4.6％）を対象として，2007年度分の授業料および入学金計8億2600万ウォンを支給すると発表した。また，これらの機関には韓国政府から専門の教師が派遣され，その運営に当たっており，教育の質において大きな問題はない。

　しかし，民間で運営するハングル学校では，韓国語教育を行うのに必要な専門知識や方法論についての研究や十分な理解もなしにただ熱意だけで教えている場合が多く，ハングル学校に通い始めた生徒たちに学習を継続させるのは難しいのが実情のようである。多くがボランティアであるハングル学校で指導に当たる教師たちのための研修機会を充実させるとともに，ハングル学校が直面している問題に適切に対処できるようなシステムが必要なのである。こうした点については，地域別に定期的な研修およびワークショップを全国で実施しているアメリカのNAKS（National Association of Korean Schools：アメリカハングル学校連合会）[1]の活動が，非常に参考になる。しかしながら，多くの海外のハングル学校にとって，NAKSと同様な教師への支援を行うことは困難であり，韓国政府によるボランティア教師に対する研修を継続的に実施していくことが求められる。

　一方，大学や大学レベルの教育機関において，韓国語講座を開設したり韓国

---

[1] NAKSは，ロサンゼルスを除いたアメリカ全域のハングル学校連合会である。定期的にニュースレターを発刊し，教師研修や，教材の刊行なども行っている。毎年，全国学術大会を開催し，同胞二世たちの「私の夢スピーチ」大会も開催している。

語科を設置する大学が着実に増加していることは，喜ばしいことである。1990年には32か国151の大学で韓国語講座が開設されていたが，2007年末現在，67か国756の大学に増加した。特に次の9つの国と地域において，著しい伸びを見せている。

```
日本    6 → 335      アメリカ  25 → 142     ロシア    5 → 42
中国    3 → 58       タイ      1 → 16      ベトナム   1 → 10
モンゴル 1 → 12      台湾      2 → 9       カザフスタン 1 → 10
```

また，中・高等学校においても，外国語教育として韓国語を教えている学校数は，アメリカ，中国，日本[2)]，オーストラリア，ニュージーランド，台湾などで数百校に及んでいる。

4. 韓国語のグローバル化と韓国語教育の問題

韓国語は，小さな半島にあって，そのうえ2つに分断されている小さな国の国語である。こうした条件にもかかわらず韓国は，短期間のうちに経済的成長と民主化を成し遂げ，オリンピックとワールドカップを開催し，今やIT先進国，自動車の主要輸出国，造船強国として存在感を高めている。一方，映画やドラマ，インターネットゲームなどの世界では韓流ブームが広がりを見せており，こうした中で，完璧な文字体系を持つ韓国語を習おうという人々は世界中で増加し続けている。

韓国語学習の目的は様々であるが，大きく見ると，純粋な好奇心に基づくもの，観光や就職などの目的によるもの，学問的関心によるもの，国家の政策に

[2)] 日本の場合，2007年9月現在，第二外国語に韓国語を含めている学校が286校であるという文部科学省の発表があった。従来フランス語とドイツ語が第二外国語として教えられていたのが，最近になって中国語と韓国語に代わったという。

よるもの，民族意識を高めるための学習などが考えられる。例えばアメリカの場合，韓国語学習の道は大きく幾つかに分けられる。まず，政府による上級レベルの韓国語能力を持つ人材の育成が挙げられる。軍事的な目的から，DLI (Defence Language Institute) では外国語学習を兵役の代わりにする制度がある。韓国語科では約200名の教授が約1500～3000名のアメリカ兵士に韓国語を集中的に教育している。韓国語課程を卒業した兵士はすでに3万人を超える。また，アメリカ国務省でも韓国語を教えている。

アメリカでは，前述したように現在約140の大学で韓国語科を設置あるいは韓国語講座を開設している。さらに，SAT Ⅱで韓国語を選択する学生のための韓国語講座が約100校の高等学校で実施されており，現在は高等学校で履修した単位を大学の教養科目の単位として認定するAP (Advanced Placement) 科目化に向けた取り組みが行われている。

日本の場合は，日本国内の韓国企業や一部の日本企業に就職する上で有利となることから，韓国語を学ぶ大学生が急増している。日本では約335の大学に韓国語科があるか韓国語講座を開設している。小・中・高等学校においては，「民族学級」を運営して韓国語を教えている学校がある。また，外国語としての韓国語を選択科目として開設した中・高等学校は，286校に及んでいる。もちろんそのほかに韓国語を教える民間の語学学校も数百校ある。

中国でも，過去17年の間に韓国語科を開設した大学が約60校に及んでいる。過去10年間，数万にものぼる韓国企業が中国に進出しており，こうした韓国企業に就職したり韓国に関連した仕事をするために韓国語科に入学する学生数が日に日に増加している。オーストラリアにおいても韓国語が主要アジア語に指定されており，一部の高等学校において外国語としての韓国語が教えられており，韓国語科を設置している大学も11校に及ぶ。ベトナムやモンゴル，台湾でもやはり韓国語ブームが起こっている。

今や世界の10の主要国際言語の一つとして，外国語としての韓国語教育をその位置付けに相応しい国際水準で行うためには，言語教育に関連する理論的土台の上に，多様なカリキュラム，シラバス，それに沿った多様な教材が開発

されなければならない。辞典の編纂や，難易度別の図書目録の作成も必要である。権威のある標準評価，有能な韓国語教師の確保も重要である。幸い 1997 年から教育課程評価院（2011 年からは国立国際教育院）によって韓国語能力試験が毎年実施されている。また，文化観光部では 1998 年から韓国語グローバル化推進事業を実施してきたが，2001 年からは，韓国語世界化財団を設立し韓国語の国外普及事業を多角的に推進している。[3]

同時に韓国語を学ぶ価値があることを在外同胞と外国人に対して，説得力をもって示すことが求められる。例えば以下のようなものである。

1) 韓国語の世界における認知度についてである。この小さな，分断された国が，オリンピック，アジア大会，万博，アジア欧州会合（ASEM），釜山国際映画祭，ワールドカップをはじめとする多くの大規模な国際イベントを開催してきた。韓国はまた，国連安保理理事国として選出され，OECD 加入，韓国企業の活動は世界中に領域を広げている。さらに，世界のほとんどすべての国と外交関係を有し，民間レベルでも様々な国際活動が行われている。こうした活動を通して韓国はその国力を高めており，それに伴って韓国語が知られるようになり，韓国語に対する認識と関心が高まっている。
2) 韓国の国家的位置付けが昔に比べて大きく向上した。政治，経済，社会，文化などの面で，韓国はほぼ先進国のうちに入ったと言ってよいであろう。特に，韓国は非識字者がほとんどいないのはもちろんのこと，国民の教育熱が高いことを反映してどの先進国にも劣らない教育基盤が構築されている。特に知識情報化時代と呼ばれる 21 世紀に入り，2008 年現在，

---

[3] 2009 年初めに国立国語院と韓国語世界化財団では汎用初級韓国語教材を「スピーキング」「リスニング」「リーディング」「ライティング」に分けて開発し，中国語，ベトナム語，フィリピン語，タイ語，モンゴル語など 5 か国語で編纂した。また 2005 年には学習者用の辞典も編纂した。

対人口比インターネット普及率が75.7％で断然世界１位である。こうした好条件を韓国語教育に活用すれば，韓国語の国外普及により大きな手応えがあるであろう。
3) ハングルの優秀性と学びやすさである。文字体系がどれほど科学的，体系的で簡単明瞭であるかを知れば，明らかに学習の動機が高まるであろう。もう一つの言語を知るということは個人にとって明らかに有益なことであるが，ハングルは学ぶのが容易であり，韓国が世界第１位のIT強国であることを知れば，韓国語を学習する価値をさらに感じるであろう。
4) 東アジアで始まった韓流が，すでにアジアを越えてアメリカや中東にまで広がっていることも広報していく必要がある。韓流はドラマ，映画，音楽，アニメーション，インターネットゲーム，料理，携帯電話，電化製品，自動車と続いている。

　これらのことをPRすることによって，より多くの国や大学に韓国語科や韓国語講座の開設を促していかなければならない。そうなれば，韓国学についてもその発展の可能性が広がるであろう。しかし，そのためには講座数などが量的に増えるだけでは不十分であり，質的な転換が起こらなければならない。すなわち，単に韓国語を教養科目として学ぶだけではなく，学部や大学院において韓国学を専攻する人がたくさん出てこなければならないのである。そうした人たちが増えれば，世界の中で韓国学（Korean Studies）が一つの学問としてきちんと発展することができ，そして真のハングルのグローバル化が成し遂げられるであろう。
　外国語としての韓国語は国内外で広く学習されているが，韓国語の文字体系であるハングルについては，あまり関心を持たれてはいないように思われる。韓国語教育課程の中で「訓民正音」や「ハングル」といった科目がある大学はあまりない。韓国語教育に関する研究においても，ハングル教育に着目した研究はあまり見られない。例えば，文字教育はどういった方法で，どの時点で，どういった順序で行うのが効果的であるかについての研究は非常に少ないので

ある。韓在永 他（한재영 他，2005）の650ページにわたる『韓国語教授法』でも，ただの1行もハングルについて言及していない。강승혜（2002：81）では，「言語能力（文法評価）」において「ハングルの字母体系と正書法の基本構造を完全に身につけて読み，書くことができる」と一行触れているのみである。

これに対して朴榮順（2004：151-3）は，韓国語の文字教育をハングルの特徴を十分に踏まえて実施することを提案している。しかし現状では，教育課程評価院で実施している韓国語能力試験（TOPIK）の初級の評価基準のうち「1. 言語的能力」の項目において，「ハングルの字母体系と正書法の基本構造を完全に身につけて読み，書くことができる」と言及しているのが全てである。今後，ハングルについての研究と教育が強化されていけば，間違いなく韓国語の学習意欲も高まり，学習効果も上がることが期待できる。

5. 結論

韓国語教育を一層拡大し，ハングルのグローバル化を実現するためには，以下のような取り組みが必要である。

第一に，今や韓国語は，国内のみで使用され，教育，研究される言語ではない。ハングルの文字としての優秀性がIT技術と結びついたとき，今後ハングルがさらに発展できる余地は十分にある。

第二に，韓国語の世界的な位置付けが高まり，韓国語が世界で広く使われるようになることが国威の宣揚と国力の伸張に役立つことを，多くの知識人たちが認識する必要がある。

第三に，外国に暮らす我々の「家族」である700万人の在外同胞は，「在外人的資産」となりうるのであり，そのためには彼らが現地の言語だけではなく韓国語を継承し駆使できるようになる必要があることを理解しなければならない。在外同胞にとっても，二言語話者（bilingual）になれば，個人的にも有益であることに気付く必要がある。

第四に，アメリカをはじめとする大部分の国家は多言語／多民族国家であ

り，したがって何らかの方法で，二重／多重言語教育（bi/multilingual education）を実施しているということも知らなければならない。[4]

　第五に，韓国もすでに，単一民族，単一言語の国家と呼ぶことは困難となっている。およそ150万人と言われる国際結婚家庭の人たちが，ハングルが分からなくて不便や不利益を被ることがないように，教育システムがきちんと整備されなければならない。

　第六に，韓国語の文字体系であるハングルの科学性や独創性といった優れた点を学習者がきちんと理解できるように教える必要があり，また，韓国語教育は文字教育から始めるのが効率的であることを韓国語教師は十分に認識しなければならない。なぜなら，目標言語の文字を理解することによって，言語そのものに対する自信が生まれ，学習の意欲もより強まると思われるからである。

　第七に，韓国語教育の研究者は，ハングル文字教育についての研究を強化しなければならない。スピーキング，リスニング，リーディング，ライティングなどの教育を行うのに先立って，リーディングやライティング，文法のうち文字に関連した分野は，文字教育科目あるいは統合教育の時間などとして最初にまとめて集中的に教育を行うようにすべきである。そうすることによって，韓国語教育は，より大きな効果があげられるのである。

訳　　注

① **10の母音字**　根幹となる・，ー，丨から，これらを組み合わせて，単母音ㅏ，ㅗ，ㅓ，ㅜを作り，さらにこれに一画を加え，「半母音[j] + 単母音」を表すㅑ，ㅛ，ㅕ，ㅠの母音字が作られた。これらの母音字のうち「・」は，その後，使われなくなったので，母音の基本字母の数は10となっている。

---

[4] David Crystal（1997）によれば，世界の人口の3分の2の子どもたちが二重／多重言語環境で暮らしているといい，さらにJohn Edward（2004）は，「世界の全ての人が二言語話者である」と宣言している。

② **14の子音字** 発音器官の形を模写した牙舌唇歯喉ㄱ, ㄴ, ㅁ, ㅅ, ㅇの5つの根幹となる子音字に画を加えるなどによって, 9つの子音字を作り出し, 子音の基本字母は合わせて14となっている。

　　牙音（ㄱ→ㅋ），舌音（ㄴ→ㄷ, ㅌ, ㄹ），唇音（ㅁ→ㅂ, ㅍ），
　　歯音（ㅅ→ㅈ, ㅊ），喉音（ㅇ→ㅎ）

③ **陰陽** ハングルは, 陰陽理論に従って母音を陽性母音と陰性母音に分ける。「・」が上または右にある母音（ㅏ, ㅗ, ㅑ, ㅛ）を陽性母音,「・」が下または左にある母音（ㅓ, ㅜ, ㅕ, ㅠ）を陰性母音と言う。また,「ㅡ」は陰性母音に分類され,「ㅣ」は陽性, 陰性のどちらにも分類されない中性母音と呼ばれる。

④ **激音と濃音** 激音は, 激しい息を伴う音（有気音）であり（ㅋ $[k^h]$），濃音は, 調音器官を緊張させて発する無気音である（ㄲ $[k']$）。これに対して, 調音器官の緊張を伴わない無気音を平音と言う（ㄱ $[k/g]$）。

参 考 文 献

강승혜(カンスンヘ)(2002)「한국어쓰기 교육의 이론과 실제 (韓国語ライティング教育の理論と実際)」,『한국어교육학의 현황과 과제 (韓国語教育学の現況と課題)』, 韓国文化社.

国際交流財団(2006)『해외한국학백서 (海外韓国学白書)』, 乙酉文化社.

김무림(キムムリム)(2008)「한국어의 역사와 훈민정음 창제 (韓国語の歴史と訓民正音の創制)」,『한국어와 한국어교육 (韓国語と韓国語教育)』, 韓国文化社.

김정숙(キムジョンスク)(2008)「한국어교수법의 일반원리 (韓国語教授法の一般原理)」,『한국어와 한국어교육 (韓国語と韓国語教育)』, 韓国文化社.

박영순(パクヨンスン)[朴榮順](2004)『개고판 외국어로서의 한국어교육론 (改稿版 外国語としての韓国語教育論)』, ウォリン.

―――編(2008)『한국어와 한국어교육 (韓国語と韓国語教育)』, 韓国文化社.

박창원(パクチャンウォン)[朴昌遠](2005)『훈민정음 (訓民正音)』, 新丘文化社.

송기중(ソンギジュン)[宋基中](1991)「세계의 문자와 한글 (世界の文字とハングル)」,『언어 (言語)』16-1, 韓国言語学会.

한재영(ハンジェヨン)[韓在永]他(2005)『한국어교수법 (韓国語教授法)』, 太學社.

Bhatia, Tej K. & William C. Ritchie(eds.)(2004) *The Handbook of Bilingualism*, Oxford: Blackwell publishing.

Ledyard, Gari Keith (1966) *The Korean Language Reform of 1446: The origin, background and Early History of the Korean Alphabet*, Ph.D Thesis, UC Berkeley.

Richards, J.C. (2002) *Curriculum Development in Language Teaching*, Cambridge University Press.

Skutnabb-Kangas, Tove (1995) *Multilingualism for All*, Lisse: Swets & Zeitinger.

3

近代ハングル活字デザインの流れ

石金浩（석금호〈ソク クモ〉）

　本稿では，ハングルの鋳造活字が初めて作られた15世紀以来のハングルの活字デザインの変遷を概観する。創制初期のハングルの形態はその後の時代の流れとともに変化してきた。こうしたデザインの変遷が現代の活字デザインにどのような影響を及ぼしているのか，それに対して我々が取り組まなければならない課題は何か，以下検討してみることにする。

1. ハングル創制初期のデザイン

　これまで，ハングルの言語学的な研究に比べて，そのデザイン的形態への関心は大きくなかった。世界で最も多くの音を表現できる機能を持つハングルは，デザイン的にも世の中に存在する文字の中で最も単純，簡潔な形態を持っている。文字創制の原理と体系を明らかにしている創制初期のハングルの形態は，文字の骨格をはっきりと見せることによって，「原型保存」の役割を果たしてきたのである。[1] すべての領域において中国の圧倒的な影響下にあった時

---
[1] 安尚秀（안상수〈アンサンス〉）・한재준〈ハンジェジュン〉（1999）『한글디자인（ハングルデザイン）』，アングラフィックス，p.32.

代状況の中で，ハングルが長年慣れ親しんできた中国の文字とは完全に異なった形態で出現したことは，政治的にも，また文化的にも大きな衝撃であり，ひとつの革命であった（図1）。

図1　訓民正音原本木版本

2.　ハングル活字デザインの二つの流れ

　文化的に独立するということは，主権国家としての位置付けを回復することを意味する。ハングルの初期の形態は，長い間の中国の影響から文化的に独立するという断固たる意志をはっきりと表したものと言うことができる。しかし，実際の文字生活においては，その時代に使用されていた筆記具による影響を受けないわけにはいかなかった。当時一般に用いられ，そして唯一の筆記具であった筆で書かれたハングルの形は，漢字とそれほど異なってはいなかったのである。初期のハングルの極度に単純化された幾何学的な形態は，木活字によってこそ十分に表現できる形態であった。

振り返ってみれば，ハングル字体デザインの発展史は，ハングルという独創的な文字とその字体を通して国家の文化的，民族的アイデンティティを守ろうとする人々と，中国の文化的影響の下で特に抵抗や問題意識を感じることなく生きていた人々の間の葛藤と緊張の歴史と見ることができよう。そうした2つの流れは，現存する多くのハングル文献の中に見ることができる。

実際，1900年代初めに至るまで，初期のハングルの形態を変わらずに維持しているハングル木版本も見られる（図2）。また，筆を使っていても，一般庶民が日常生活の中で書いていた民体では，ハングル固有の形態がある程度維持されていたことが認められる（図3）。一方で，宮廷の女官たちの書いたハングルは，中国の漢字の書法の影響を徹底的に受けてきた（図4）。

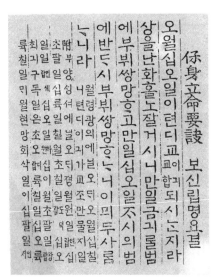

図2　1900年代の木版印刷
初期のハングルの単純，簡潔な形態を残している。

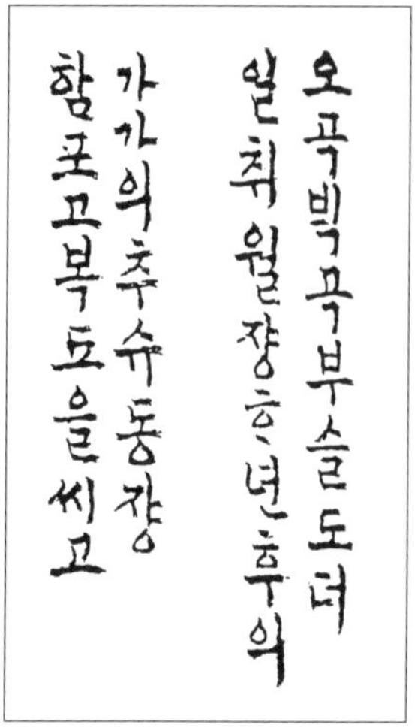

図3　ニョングァン問答歌
(녇광문답가)
一般庶民の筆書き書体（民体）
には初期のハングルの単純，簡潔な形態が残っている。

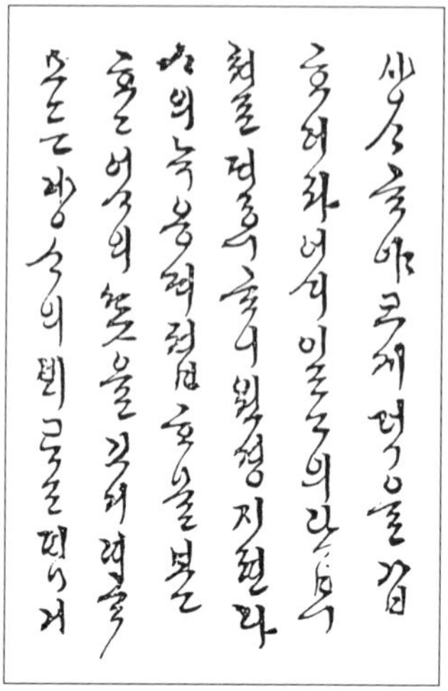

図4　落泉登雲
(낙천등운)
漢字の筆法をそのまま踏襲した宮書体で，ハングルの初期の形とは大きく異なる。

3.　最初の明朝体の活字の登場　—五倫行實圖—

　時代を経るにつれて，木活字においてさえも，創制初期の単純，幾何学的な形態が失われていくようになった。1796年に刊行された五倫行實圖に明朝体の漢字とともに使われているハングルは，筆書きではなく木活字を使って印刷されているが，筆書きのような筆致を持ち，今日の明朝体と同じような形態で表されていた。これは，当時の清から輸入した漢字の明朝体と調和するように開発されたものと考えられる（図5）。

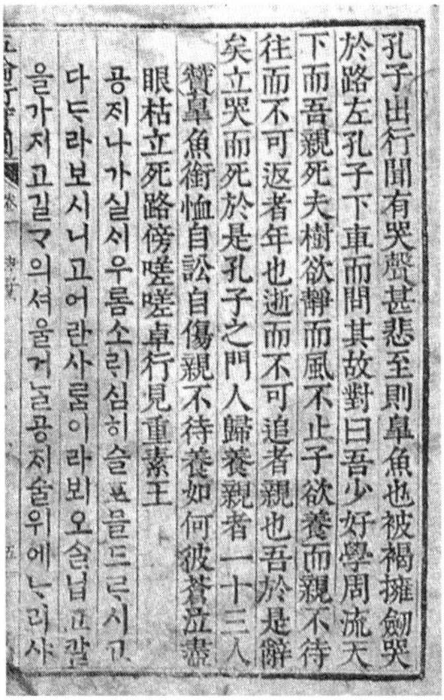
孔子出行聞有哭聲甚悲至則皐魚也被褐擁劍哭
於路左孔子下車而問其故對曰吾少好學周流天
下而吾親死夫樹欲靜而風不止子欲養而親不待
往而不可返者年也逝而不可追者親也吾於是辭
矣立哭而死於是孔子之門人歸養親者一十三人
贊皐魚銜恤自訟自傷親不待養如何彼蒼泣盡
眼枯立死路傍嗟嗟卓行見重素王

図 5　五倫行實圖（1796 年）
漢字の明朝体と調和するように作られたハングルの活字。

今日のハングルの明朝体の原型は，このような活字の歴史の流れの中で育まれてきたのである。中国の漢字文化の影響と，その文化の一環である筆という筆記具を用いて文字を書かざるを得なかったことがもたらしたものであると言えよう。このことは，西洋の活字の視覚的特徴が，ペンという筆記具を用いていた文化の産物として形成されてきたことと何ら異なることはない。もし中国の筆とは異なる，独創的な筆記具を開発して使用していたならば，ハングルの文字としての形態は，独自の発展の道をたどっていたであろう。

4.　ハングル鋳造活字の形態の定着 ―朴慶緒体―

筆書きの形は印刷活字には向いていないにもかかわらず，近代の鋳造活字の形態は明朝体に固定化していった。朴慶緒（박경서〔パクキョンソ〕）体は，現在の明朝体と比較しても視覚的にほとんど完成された形態を備えていた（図 6）。

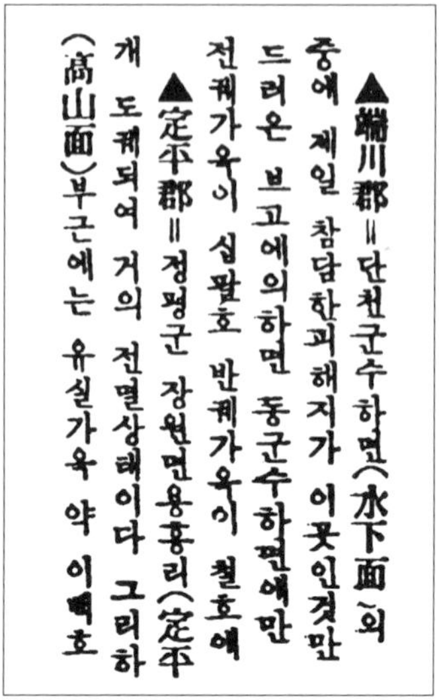
▲端川郡＝단천군수하면(水下面)의
중에 제일 참담한피해지가 이곳인것만
드러온 보고에의하면 동군수하면에만
전궤가옥이 십팔호 반궤가옥이 칠호에
▲定平郡＝정평군 장원면용흥리(定平
개 도궤되여 거의 전멸상태이다 그리하
(高山面)부근에는 유실가옥 약 이백호

図 6　朴慶緒生活字体（1930 年代末）
現在の明朝体と同等の完成度を見せている。

このように明朝体がハングルの印刷活字の主流として登場することになり，歴史の中でかろうじて維持されてきた創制初期の幾何学的特徴を残したハングル固有のデザインは，印刷活字においてさえも姿を消すこととなった。このことは，文化的に自立した国家として，真剣に考えなければならない国家的な課題である。一国の国民のアイデンティティは，結局，他国との文化的な差異にのみ見出されるものだからである。

5.　ベントン活字彫刻機の登場とハングルの鉛活字

1885 年，アメリカのベントンは，史上初の活字彫刻機を開発した。このベントン活字彫刻機が輸入される以前には，活字はいちいち印鑑を彫るように手で彫刻しなければならないものであった。1955 年，東亜出版社の金相文（김(キム)상문(サンムン)）が日本からベントン活字彫刻機を持ち込み，韓国においても活字原図時

代が幕を開けた（図7）。その際，今日の明朝体，ゴシック体のハングル原図は，崔正浩（최정호）らによって作成された。ハングル活字の研究に生涯を捧げた崔正浩は，ベントン活字彫刻機のための原図（図8）を心血を注いで完成したのである。

図7 ベントン活字彫刻機（教科書博物館所蔵）

図8 ベントン活字彫刻機用の原図の文字盤
文字の原図を金属の文字盤に写し取り，その文字の外郭線を彫刻機の軸でなぞると，彫刻機の上部で活字の母型が彫刻される。

この時に完成した崔正浩が描いた東亜出版社書体の原図は，当時の日本の写真植字機メーカーである写研に，また，三和印刷の原図はもう一つのメーカーであるモリサワにそれぞれ送られ，その字体は写真植字機を通じて，韓国国内に広く普及するようになった（図9）。

図9　日本の写植機メーカーモリサワ社から韓国のテレビ局MBCに提供された写真植字原図。

6.　写真植字機用のハングルデザインと日本の影響

1970年代以降，印刷産業において鋳造活字はいつの間にか斜陽の途をたどっていった。その理由は，日本から写真植字という全く新しい方式が入ってきたためである（図10）。広大な貯蔵空間を必要としていた鉛活字は，3〜4坪程度の小さな空間で足りる写真植字機に取って代わられた。写真植字機の輸入とともに，その写植機のいわばソフトウェアに当たるハングル文字盤（図11）も同時に輸入された。ハングルの明朝体，ゴシック体という名称は，日本の写植機メーカーで使用されていたもので，機械の輸入とともに入ってきた書体の見本帳から名称をそのまま使用して定着したものである。

図10 モリサワの写真植字機
（サンドル・コミュニケーション所蔵）

図11 写真植字機用のハングルの文字盤
（サンドル・コミュニケーション所蔵）

　写真植字機用のハングルデザインにも，崔正浩の開発したデザインが用いられた。しかし先に開発されていた漢字のデザインに合わせるため，ハングルの

字画の厚さや文字の幅などの部分的な要素を日本の写植機メーカーの基準によって調整されたことは事実である。また，写真植字の原図はベントン活字彫刻機用の原図よりもずっと精密に描かれなければならなかったことから，この時期に，ハングルの明朝体とゴシック体はより精巧に美しく整えられたことは間違いない。こうして写真植字機用の原図として開発されたハングルは，その後のデジタル書体の原形としても十分通用するものであった。

7. デジタルハングル書体の開発とデザインの動向

1990年代に入って，印刷・活字業界は一大革命に直面することとなった。個人用コンピュータの登場である。デジタル革命は，文字印刷の分野にそれまでのアナログ方式とは根本的に異なる非物理的な方式をもたらし，文字印刷の第四世代と呼ばれる時代を迎えたのである。新世代においては，情報やデータは電子信号としてコンピュータメモリーに記憶される。個人用コンピュータの普及によって，今や誰でもパソコン一台あれば出版が可能な時代になったのである。こうした状況の中で，デジタル書体の開発が急務となってきたのである。

何世紀にもわたって多くの種類の書体が使われてきた英語アルファベット文化圏と異なり，韓国ではそれまでの約20年間，1～2種類の書体しか使用して来なかった。このため，突然の市場からの要求に応える準備は全くできていなかったのである。性急でしかも多種多様な市場からの要求の一方，書体デザインの側では準備が全くできていなかった当時の状況の中で，デザイン作品と呼ぶことさえ困難な質の低い書体が雨後の筍のように次々と現れた。しかし，ほんの短い期間に2000種類近い書体が湧き出るように出現したことは，その質は別として，ほとんど奇跡に近いと言えよう。

これまで述べてきたように，文化面での独自性を表す初期のハングルデザインの単純で簡潔な形態を汲む流れと，中国文化の強力な影響を受けた形態の流

れの,二つのハングルデザインの流れがそれぞれ持続してきたが,結局,現在の明朝体の形態が大勢を占めるようになって現在に至っている。一方で,この20年余りの間に開発された書体の大部分は,市場のトレンドと使用者のニーズに応じてその形態が決定されている。今後もこのような感性に訴えかけることを重視した書体が数多く誕生するであろう。しかし,我々が今取り組まなければならない書体デザインの課題は,韓国のアイデンティティを持った書体を見出していくことなのである。

8. 活字デザインの形態変化がもたらす意味

　文化的アイデンティティをはっきりと示していた初期のハングルデザインは,歴史の中に埋もれていかざるを得ないのであろうか。もちろん,ハングルの明朝体にも,文化的に独創性のある美しい曲線が含まれているのは事実だが,それでも物足りない感じは拭えない。初期のハングルのデザインにあった,明確な文化的アイデンティティと,他の文字と全く異なった独自の形が失われているのである。私見であるが,安尚秀（안상수）が開発した安尚秀体（図12）は,まさにこうした反省の中から誕生した書体であると考えている。

図12　ハングルの機能的特徴を活かすことを目的として
　　　安尚秀がデザインした安尚秀体。

安尚秀体は，ハングルの機能面での長所と視覚的な独自性を極大化すること を目的として開発されている。その視覚面での単純化と機能性を極端に強調し た形のために，まだ広範囲に活用されてはいないが，もう一度スポットを当て て，その価値が再評価されるべきである。

　筆者がデザインしたチェビ（제비）体は，筆書きのイメージを持った書体で あり，文化的にその独立性が不明瞭であった既存の明朝体を，韓国的な感性で 解釈しなおして，韓国固有のデザインとして甦らせたものである。韓国的な曲 線と現代的な直線が自然に調和した形態は，どの文化圏の書体デザインとも差 別化されているのである（図13）。

図13　筆者が明朝体を基本に新しくデザインし たチェビ体

　今後ハングルの文化的独自性を活かした字体を開発することは，今日，そし て将来においても，我々が最も真剣に考え，取り組んでいかなければならない 課題である。文化的に独立した文字デザインは，国民としてのアイデンティ ティを涵養する最も強力な知的財産なのである。

おわりに

　ハングルは，世界で最も特徴ある文字システムである。その表記システムとしての科学性や音声表現における拡張性は世界の文字の中で最も優れている。このことは世界の学者たちの研究によって広く知られるようになっている。ハングルは世界の共用文字として使用できる文字システムであると主張する人々もいる。すでに一部の学者たちは，文字を持たない国に行き，ハングルを使って彼らの文字を作る活動を始めている。

　しかしハングルは，こうした機能の活用の面だけではなくデザイン的にも発展しなければならない。可読性に優れ，ハングル独特な美しさを備えた書体デザインの開発の努力が切実に求められる。ハングルは，その文化的な独自性を強調することによって，その価値はさらに輝くであろう。ハングルの歴史を振り返ってその文化的特徴を再発見し，現代に甦らせることは，まさに我々の責任である。

　ハングルの字体のアイデンティティはどこにあるのか？　その問いに対する答えは，創制初期の書体の中に見つけることができると筆者は考えている。

4

日本における「ハングル」研究

梅田博之

Ⅰ. 日本における「ハングル」研究

1. 日本における韓国語研究史

日本人は，隣国の言葉である韓国語に常に関心を持ち続けてきた。そして，知的関心の対象として学習，研究を行ってきた。

(1) 古代・中世

古代日本は朝鮮半島から様々な文化を導入する際には，それに関連した多くの単語も学習し受け入れてきた。例えば，절 chŏl＞뎔 tyəl（中世語）→ tera〈寺〉，고을 koil＞ᄀᆞᄫᆞᆯ kʌβʌl（中世語）→ köföri〈郡〉などがある。

『日本書紀』，『続日本紀』などには，「訳語」[訳注①]や「新羅訳語」，「習新羅語」といった記事が見られ，日本では古くから新羅語の研究と学習が行われていたことがわかる。韓国語の記録としては，『日本書紀』に多くの新羅語の単語があり，また『二中歴』[補注1]に高麗語として引用された1から10までの数詞は，日本に伝わった最も古い韓国語の記録と言える。

(2) 近世

近世になると，日本人の視線は一層朝鮮半島に向かうようになり，朝鮮半島の言語，文字などに関する研究が活発に行われた。

① 日韓の言語の語源と単語の比較

語源あるいは単語の比較に言及したものとしては新井白石（1657-1725）の『東雅』[補注2]がある。白石は，隣国の言葉を学問的関心の対象として学習した。語彙を部門別に分類し語源を説明した『東雅』において，「韓地の方言」との比較語彙数は80余りに及び，比較に際しては三韓の言葉を区別した。その他の研究としては，『倭訓栞(わくんのしおり)』[補注3]，『南留別志(なるべし)』[補注4]などがある。

② 朝鮮の歴史，制度，生活習慣，風俗習慣の紹介

『三韓紀略』[補注5]，『昆陽漫録』[補注6]，『象胥紀聞(しょうしょきぶん)』[補注7]などがある。

③ 韓国語の教本

本格的な韓国語教育の専門家として，雨森芳洲（1668-1755）を挙げることができる。芳洲が『全一道人(ぜんいちどうじん)』[補注8]において，方言と標準語の区別を論じ，ソウルの言葉を学習対象とすべきであると主張したことは，言語教育論の観点から見て興味深い。その他にも，対馬などで編纂された韓国語の教本が数多くある（岸田文隆（2006）参照）。

2. 日本における「ハングル」研究史

1444年に創制され1446年に頒布された隣国の新しい文字について，日本人がどのような興味と関心を持って対応したのかを中心に記録を見てみよう。

ハングルの創制および起源に関する説明

日本におけるハングルの創制および起源に関する記述としては，伊藤東涯（1670-1736）が『三韓紀略』（方諺略）[補注5]で「世宗設諺文廳命申高霊成三問等製諺文」（世宗が諺文庁を設置して，申高霊（신고령）（＝申叔舟（신숙주）），成三問（성삼문）などに命じ，諺文を作らせた）と説明し，さらに「初

終聲八字初聲八字中聲十一字其字體依梵字為之」（初声・終声ともに用いられる八字，初声独用の八字，中声の十一字，その字体は梵字に依って作った）訳注②として，その起源が梵字であると述べているのが最初である。また，『類聚名物考』補注9にも似たような記述がある。小倉進平博士によると，こうした記述は，朝鮮王朝の故事を記録した『慵斎叢話』（成俔（성현））訳注③にある「世宗設諺文廳命申高霊成三問等製諺文（云々）」に基づいている。

ただし，『象胥紀聞』（前出）は少し異なり，「諺文ハ世宗王ノ御製ニテ真字ヨリ起リ，百六拾餘字ヲ以通用ヲナシ又附字ヲ以テ助之ト云」（ハングルは世宗がお作りになったもので漢字に由来し，160字余りの字を使い，またその字に附字（パッチム）を付けて使うこともある）補注10としている。

ハングル字母の構成に関する説明

ハングル字母の説明は，『朝鮮國諺文字母反切二十七字』補注11および『象胥紀聞』，『象胥紀聞拾遺』，『諺文』などにあるが，ほとんどが「初聲終聲通用八字」「初聲獨用八字」「中聲獨用十一字」「初中聲合用作字例」「初中終三聲合用作字例」といった叙述であり，崔世珍（최세진）の『訓蒙字會』訳注④の凡例に基づくものと思われる。なお『諺文』は日本人にもわかるように説明を新たに付け加えた部分も多い（鄭丞惠（2006）に委しい）。

ハングル音節表（反切表）

前述した四書のうち，『象胥紀聞』は反切表を示しているが，残りの三書は，中声「ㅏㅑㅓㅕㅗㅛㅜㅠㅡㅣ・」をそれぞれ独立した一つの音類として設定して，終声別にすべての音節（文字）を表示していることが特徴と言える。

『昆陽漫録』，『七種字母箋』補注12などでは反切表に日本のかな文字で発音表記しているが，『客館璀粲集』補注13，『倭漢節用無雙囊』補注14などは日本語の五十音をハングルで記録し，カタカナを添記したものである。

諺文解説の文献の系譜

上述したように，ハングル字母の説明は『朝鮮國諺文字母反切二十七字』，『象胥紀聞』，『同拾遺』，『諺文』などがある。なお，雨森芳洲は『全一道人』序文において，文字と発音を学習するための教材として『韻略諺文』という書名に言及しているが，現存はしていない。以上を年表に示す。

  1702年 雨森芳洲，都船主[訳注5]として初めて釜山へ行く
  1703年 雨森芳洲，倭館に赴任（36歳）
  1704年 伊藤東涯『朝鮮國諺文字母反切二十七字』（34歳）
  1705年 雨森芳洲，倭館から帰国
  1709年 伊藤東涯『三韓紀略』（方諺略）
  1711年 雨森芳洲，通信使に随行して江戸往復（44歳）
  1714年 伊藤東涯『朝鮮國諺文』（「從秦種寬氏借謄本對州雨森氏所傳」と記載）
  1719年 雨森芳洲，通信使に随行して，江戸往復（52歳）
  1729年 『全一道人』（『韻略諺文』について言及）
  1794年 小田幾五郎『象胥紀聞』（諺文）
  1841年 小田管作『象胥紀聞拾遺』（諺文之事）
  1876年 『諺文』（中村庄次郎筆写）

雨森芳洲は，1702年に都船主として初めて釜山に渡ったとき，韓国語学習の必要性を痛感し，その翌年の1703年から1705年まで，釜山倭館に滞在しながら韓国語を学んだ。伊藤東涯が『朝鮮國諺文字母反切二十七字』を書いたのは芳洲が留学中の1704年のことであり，執筆の過程で芳洲から何らかの影響を受けたとは考えにくい。しかし，東涯が筆写した『朝鮮國諺文』（諺文反切表，1714）には「対馬の雨森氏が伝えたものを秦種寬氏より借りて写した」と記されており，芳洲との関係をうかがわせる。今後，伊藤東涯の著作についての詳細な検討が必要であろう。

3. ハングルと神代(じんだい)文字(もじ)[補注15]

　日本の神話時代に日本固有の文字があったという説は江戸時代以前からあったが，江戸時代に入って平田篤胤が『神字日文傳(かんなひふみのつたえ)』(1819)[補注16]において神代文字の存在を強く主張した。一方では伴信友『假字本末(かなのもとすえ)』(1850)[補注17]などの否定論もあった。

　神代文字にはいくつかの種類がある。その中の一つ，阿比留(あびる)文字または日文(ひふみ)四十七音は，母音字5文字と子音字9文字，計14文字の組み合わせで構成され，ハングルと類似していることは明らかである。

　神代文字が果たして神話時代からあったものなのか，ハングルを模倣して後世に作られたものであるのかについては，

① 文字は社会において広く使用されていなければならない。仮に神代文字が存在していたとしても，それが広く使用されていたという確実な痕跡は認められていない。

② その国でそれまで使われていた文字があるのに，突然他の文字に替わってしまうということは考えにくい。

③ 神代文字が具体的に現れ始めたのはハングル創制以降で，今から200～300年ほど前のことに過ぎない。

④ 古代日本語の表記法においては母音を8つ区別していたが，神代文字には5つしか区別がない。[補注18]

などの理由で，神代文字は日本古来の物ではなく，神道家か国学者の一部が考え出したものであると考えざるを得ないとするのが通説である。

4. 「ハングル」碑

　江戸時代に建立されたと考えられるハングル碑文が刻まれた石碑が各地で発見されている。千葉県館山市の大巌寺の四面石塔は，南面に「南無阿彌陀佛」と漢字で刻まれて，東面には「남무앙밍땅뿛」と『東國正韻(동국정운)(トングクチョンウン)』式

漢字音表記^{訳注⑥}のハングルが刻まれている。寺の年譜によれば，この石塔は1641年に建てられたものである。その他にも，千葉県富津市の松翁院四面石塔（1670），長野県大谷村の融通念仏供養碑（1830）などがある（武井一 参照）。

補　　注

1) **二中歴**　平安時代後期の学者三善為康の編纂した懐中歴と掌中歴の二書の内容を鎌倉時代に合せて編集したもの（1201～1221頃）。高麗語，貴賀國語（喜界または鬼界で高麗と誤ったものとされている），天竺語（梵語），波斯國語の一から十までの数詞が片仮名で書かれている。
2) **東雅**　20巻（新井白石，1717）　語源を説いたもの。あや（漢），おも（母），かささぎ（鵲），くま（熊），しま（島），てら（寺），さし（城）など80語ほどあげて，韓地の方言に由来するものが多いと説いている。
3) **倭訓栞**　92巻83冊（谷川士清（ことすが），1830）　江戸末期から明治初年にかけて刊行。古語・雅語（前編），口語（後篇）を広く集め五十音順に配列し，出典をあげ注釈を加えた辞書。凡例にあたる巻之一には字音を始め悉曇，朝鮮などに関する言及もある。例えば「朝鮮の諺文では和音五十字のイヰを이，エヱを예，ヲオを어とそれぞれ一字で作る」のような記述もある。本文では，例えば「かま（釜）といふは今の朝鮮語と同じ」，こほり（郡）について「一説に今の朝鮮語にこうるといへばもと韓語なるへしといへり韓地に熊備己冨里あること日本記に見えたり」のように，約60語ほどあげて語源を朝鮮語に求める説明を施している。なお，古代語を「韓語」，現代語を「今の朝鮮語」と呼んで区別している点も注目される。
4) **南留別志**　5巻（荻生徂徠，1736）　400余りの語の語源を説明している。くま，から，ちょく（猪口）など，語源を朝鮮語に求める説明もある。
5) **三韓紀略**　（伊藤東涯，1709）　朝鮮の歴史・制度・社会などに関し，君長略，記號略，土地略，職品略，族望略，文籍略，方諺略に分けて概説している。方諺略の冒頭に諺文（ハングル）創製に関する説明があり，次いで『訓蒙字會』の凡例中にある諺文字母の説明が傍点（声点）の説明に至るまで原書の誤りも含めそのまま引用されている。なお，文籍略に『訓蒙字會』（三巻）の書誌が載っている。
6) **昆陽漫録**　6巻（青木昆陽，1763）　巻1で「朝鮮諺文左ノ如シ，用ヒ様ハ朝鮮諺文字母ニ詳ナリ」として東涯^{補注11}に言及して反切表を示しているが，初聲終聲通用八字にㅣを加え

ているのはㆁ(異凝)の異を一字と誤解したものと思われ,反切表はㅈ行の後がㅘㅋㅊ하の順でかつㅌ行が欠落している。また朝鮮関係の説話や事柄,朝鮮の書を引用した説明などが多く含まれているが,注目すべきは巻6の「穀品」に関する説明で,黍・粟・唐黍・稗などの穀物のハングル名を示している。

7) **象胥紀聞** 3巻(小田幾五郎,1794) 著者は対馬の訳官で,朝鮮の歴史,制度,風土,習慣などを述べている。文芸の項に吏道,諺文の説明がある。なお,子息の小田管作が増補した『**象胥紀聞拾遺**』3巻(1841)があり,発音や語形の方言差についても述べている。

8) **全一道人** 1巻(雨森芳洲,1729) 忠臣,孝子,節婦などに関する朝鮮語の文章に日本語の対訳を付したもので,発音や語法に関する注も付いている。なお,序によると,芳洲は韓語学習のため『韻略諺文』により文字と発音を学び(字訓を知り),『酬酢雅言(しゅうさくがげん)』により短いフレーズ(短語)を学び,『全一道人』により相手国の精神文化を学び(其心を養い),『鞮履衣椀(ていくいわん)』によりコミュニケーション能力を高める(其用を達せしむ)という4つの階梯に当たる4部の教本があるというが,本書しか残っていない。

9) **類聚名物考** 342巻(山岡浚明(まつあけ)) 江戸時代中期の百科事典。明治36-38年刊の活版本(7冊)により見ることができる。巻280訓字の項に朝鮮国諺文として慵斎叢話の「世宗が諺文廰を設け云々」の記事があり「字体は梵字に依り作れるか,満文とも異なり,琉球國にも別の国字あり」と述べている。

10) ここで160余字というのは,反切表の初声14行,中声11段(・(アレア)を含む)で合計154字に,半母音w(ㅗ,ㅜ)の付いた二重母音など14字(「此下リ音ヲーツニシテ遣イケル由」と言っている)を加えた168字のことである。また,附字については「右諺文タトヘハㄱㅏノ字ニㄱㅏノ字ヲ附レハㄱㅏㄱㅏトナル何レモ是ト同キト云」と述べている。

11) **朝鮮國諺文字母反切二十七字**(伊藤東涯,1704年(宝永元)十月装釘,1762年(宝暦12)東所[子息]補訂) 『訓蒙字會』凡例にある「初聲終聲通用八字」「初聲獨用八字」「中聲獨用十一字」「初中聲合用作字例」を引用したうえで,漢字音を諺文により整理した独特の字音表が付されている。また別に「**朝鮮国諺文**」と題する反切表もあり1714年(正徳4)に「対馬雨森氏所伝」のものを筆写したもので諺文字の横に発音を表す仮名が添記されている。

12) **七種字母箋**(森世廣[号:栢堂],1792) 題名の七種は平仮名,正文,片仮名,華書,諺文,紅夷,梵字の7種で,いろは47字を書き表している。

13) **客館璀粲集** 1719年(享保4)に将軍吉宗の襲職を賀すための朝鮮信使来聘の折,名古屋の儒者木下実聞[号:蘭皐]と朝比奈文淵が信使と詩文の応酬をした。その際に書記耕牧子(姜栢の号)との問答のなかで蘭皐の諺文の字体を知らないとの問いに耕牧子が答えて字は梵字に似ていると言って諺文を書き与えた。それを書写したと思われるハングルの

反切表が掲げてある。まず子音字のみの ㄱㄴㄷㄹㅁㅅㅇ（ㅂは欠）の行，子音字に母音字 ㅏㅑㅓㅕㅗㅛㅜㅠㅡㅣ・を付けた14行と，ㅗㅜを付けた二重母音の1行から成る。続いて以呂波譯字として「いろは」をハングルで表記したものが掲げてある。イロハのロをアレアで른，ホを히，オ・ヲをともに어，ヌをㄴ，ルを른，ムをㅁ，ツをㅈ，スをㅊで書いている点が注目される。

14) **倭漢節用無雙嚢**（1784） 一般に節用集とは語彙の用字を正し語釈を施し語源を説明した国語辞書のことであるが，百科事典的性格ももっている。ハングルについても「朝鮮国の文字の事」としてイロハをハングルによって示しているが，ハングルの字体が定かでない。なお，本書以外にも諺文いろはを付載したものに広大節用大全無尽蔵，永代節用大全無尽蔵，永代節用無尽蔵などの節用集のほか，神國神字辨論，三国通覽圖説，千金セッ以呂波，音訓國字格，伊呂波字考，百草露などがある。詳細は京都大学文学部（1965）『弘治五年朝鮮板伊呂波』（附録：福島邦道の解説）を参照。

15) ハングルと神代文字との関係については，小倉進平（1920）『国語及び朝鮮語のため』の「21 神代文字と諺文」（京都大学文学部（1975）『小倉進平博士著作集4』に再録），岩崎小彌太（1918）「徳川時代學者の朝鮮の文字に關する智識」上・中・下を参照。なお，岩崎（1918）は吏道や諺文に関する江戸時代の諸学者の論を委しく紹介している。

16) **神字日文傳** 上，下の巻・附録（疑字篇）（平田篤胤，1819） 東涯の三韓紀略・方諺略から慵斎叢話や訓蒙字會を引用し，特に訓蒙字會凡例の諺文字母の部分は屋代（弘賢）翁より借覧し抄書（ぬきがき）したとしているが，皇国字（みくにもじ）（日文（ひふみ））が彼の地へ伝わったものと主張している。

17) **假字本末** 上下巻，附録（伴信友，1850） やはり吏道，諺文，慵斎叢話，訓蒙字會などに関する言及があるが，諺文は吏道より出たものと考えている。

18) 万葉仮名では，キヒミケヘメコソトノ（モ）ヨロの13字（音節）にそれぞれ2種の書き分けがあり，従来これを甲類・乙類と呼んで区別した（モの甲乙の別は古事記のみ）。そして甲乙いずれで表記するかは語によって決まっていた。これを上代特殊仮名遣という。アイウエオの5段のうちイエオの3段に甲乙2類の書き分けがあったのでふつう8母音説といわれる。これに対し，服部四郎（1984）は古代の母音の音価をより正確に推定した上でイ・エ段については中舌の介音の有無による違い，オ段に関しては円唇の後舌母音と中舌母音の違いを認めて6母音説を主張し，他方松本克己（1995）は古代日本語の語幹交替の体系を解明した結果甲乙の書き分けの音韻的区別は認められないとして5母音説を主張した。

II. 現代日本における「訓民正音」研究

1. 訓民正音と中世韓国語の音韻研究

　訓民正音の音声学的，音韻論的記述に基づく中世韓国語の音韻に関する研究は，日本においても，河野六郎，服部四郎，泉井久之助，早田輝洋，金周源（김주원），松本克己などの諸教授による多くの業績がある。

2. 中世韓国語の母音調和についての研究

　中世韓国語の母音調和を形成する基本原理に関しては様々な学説があるが，従来多くの研究者たちは，前舌―後舌，すなわち横の調和であると主張してきた。しかし，服部四郎（1975），泉井・羅（1968）は，高―低，すなわち縦の調和であると主張している。またHayata（1975）は，/i/ と /ʌ/，/u/ と /o/ は縦の関係であるが，/ə/ と /a/ は対角線関係なので，Kiparsky に倣って diagonal harmony（対角線調和）であると主張した。

　一方，金周源（1988）は，Ladefoged が Igbo（イボ）語などの研究によって明らかにした ATR（Advanced Tongue Root：舌根前進）を韓国語の母音調和に適用し，訓民正音における「舌縮」は文字通り「舌根の後縮」という意味であり，すなわち「舌根の前進／後退」の音韻的対立と理解することができると主張した。この論文は日本で韓国語にATRという概念を導入した初めての論文である。[1] そして10年後，松本（1998）が中世韓国語の母音調和の基本原理として再び ATR の適用を主張した。

---

[1] ATR を初めて韓国語の母音調和に適用したのは이병건（1985）「모음 조화의 특성（母音調和の特性）」（『人文論叢』15，p.3-36，ソウル大学校 人文大学 人文科学研究所）である。

音韻特性と中世韓国語の母音体系

ここで訓民正音に出てくる「舌不縮，舌小縮，舌縮」という音韻特性について検討してみたい。「訓民正音」の解例に示された７つの母音の音韻的特性に関する記述はよく知られているが，改めて整理して示すと以下の通りである。

・舌縮而聲深（・［ʌ］音は舌を縮めて調音し声が深い）
　　ㅗ與・同而口蹙（ㅗ［o］音は・［ʌ］と同類で口をつぼめて調音する）
　　ㅏ與・同而口張（ㅏ［a］音は・［ʌ］と同類で口を広げて調音する）
ㅡ舌小縮而聲不深不淺（ㅡ［i］音は舌を少し縮めて調音し声は深くも浅くもない）
　　ㅜ與ㅡ同而口蹙（ㅜ［u］音はㅡ［i］と同類で口をつぼめて調音する）
　　ㅓ與ㅡ同而口張（ㅓ［ə］音はㅡ［i］と同類で口を広げて調音する）
ㅣ舌不縮而聲淺（ㅣ［i］音は舌を縮めないで調音し声は浅い）

（注）訳文をカッコ内に示した。ハングル字母の後に付した音声記号は推定音である。ハングル古体は使わず現行の字体によった。

　各母音の対立を構成している音韻特性として，まず舌の収縮関係においては「不縮／小縮／縮」の３項対立を成していると考えられるが，これらの母音のうち，/i/ だけが「舌不縮（＝前舌）」つまり［－舌縮性］母音として孤立している。他の６つの母音は「－舌不縮（＝非前舌）」つまり［＋舌縮性］の特性を持ち，このうち /i, u, ə/ は「舌小縮母音」，/ʌ, o, a/ は「舌縮母音」と下位分類される。【なお，「舌不縮／小縮／縮」の舌は舌根ではなく素直に舌全体の動きを述べているものと考えたい。舌根の前進に伴う舌根付近の筋肉の動きを外部から観察できるような特徴を持っていたとは考え難いからである。おそらく調音的な観察により前舌高母音の i は「舌不縮」，非前舌高母音と前寄りの中母音（ə）は「舌小縮」，非前舌中高母音には「舌縮」という特性を付与したと考えられる。】口の形については，/u, o/ は［口蹙（円唇）］を共有し，/ə, a/ は［口張（非円唇）］を共有し，それぞれ対立している。

　また，「声」に関する特性は音声器官の動きである舌の収縮関係を聴覚印象

の面から把握した特性であると考えられるので，［舌の不縮／小縮／縮］と［声浅／声不深不浅／声深］は同じ関係と見ることができるであろう。【前舌高母音は「声浅」，非前舌高母音と前舌中母音は「声不浅不深」，非前舌中母音と低母音は「声深」であるのは我々がもつ普通の聴覚印象とよく一致する。ただし［+ATR］母音がもつ特異な音質（61頁参照）を「声浅／声深」と関係づけるのは無理があると思われる。［+/-ATR］の対立は後寄りの低母音だけが関与するのではなく前舌高母音を含むすべての母音にあり得る特性だからである。】

　下表は，各母音の持つ音韻特性を基礎として，その後に起こった音韻変化，現代方言の音価，そして音韻体系としての均衡性などを根拠として推定した中世韓国語の母音体系である。「舌小縮」母音である /ə/ の音価はかなり前寄りの中舌母音（精密表記すれば［ɜ］）と考えられるので前舌の位置に置いた。

中世韓国語の母音体系

	前舌母音	非前舌母音	
		非円唇	円唇
高母音	i（舌不縮・声浅）	ɨ（舌小縮・声不浅不深）	u（舌小縮・声不浅不深・口蹙）
中母音	ə（舌小縮・声不浅不深・口張）	ʌ（舌縮・声深）	o（舌縮・声深・口蹙）
低母音		a（舌縮・声深・口張）	

　ここで母音調和に関わる音韻特性は，［舌小縮］と［舌縮］である。舌小縮母音である /u/ と舌縮母音である /o/，同様に /i/ と /ʌ/，/ə/ と /a/ がそれぞれ対立している。この対立関係は当然［高―低］関係，すなわち縦の関係と見ることができるものだが，ここにATR理論を導入して /i, u, ə/ を［+ATR］資質を持つ母音，/ʌ, o, a/ を［-ATR］資質を持つ母音と見ることが妥当であるか，検討してみたい。

声道の比較検討

母音発声時の舌根（tongue-root）および咽頭腔（pharynx）の状態に関しては，金溥一（김부일）他（1975）による現代ソウル語の声道断面のX線写真をトレースしたものにより検討することにする。これはあくまでも現代ソウル語の言語資料であって，中世語の母音についての検討の参考資料として取り上げたものである。各母音の舌根と咽頭腔の状態についての観察は梅田（1983：66f.）による。

中世語の /u/ と /o/ に対応すると考えて，現代ソウル語の /u/ と /o/ を比較してみる。/u/ を発声するときは，口腔（oral cavity）と咽頭腔がほぼ同じ大きさになり，咽頭腔がかなり広くなっている。これに対して /o/ の場合は，舌全体が後ろに引かれて咽頭腔が /u/ に比べて狭い。

中世語の /i/ と /ʌ/ に一応対応するものとして現代ソウル語の /i/ と /ɔ/ を比較してみよう。/i/ は後舌面が口蓋帆（velum）に接近してそれよりも下の部分の咽頭腔が大きく広がる。/ɔ/ の場合には舌全体が後ろに引かれて舌根と咽頭壁（pharyngeal wall）とで作られた狭窄部は非常に狭くなる。

中世語の /ə/ と /a/ についても，/ə/ は音価が中舌母音でありながら舌の位置が前寄りの母音と想定されることを考慮すれば，咽頭腔が /a/ よりも広いと考えられる。

このように，声道（vocal tract）の形と咽頭腔の広さを比較すると，「舌小縮母音」である /i, u, ə/ は舌根が前進し咽頭腔が広い。これに対して，「舌縮母音」である /ʌ, o, a/ は舌根が後退して咽頭腔が狭い。したがって，/i, u, ə/ と /ʌ, o, a/ の関係を声道の比較の観点から見ると，前者において舌根の前進と咽頭腔の拡大という特性が見られるのは確かである。

ウォロフ（Wolof）語のATR

Kaji（1997）は，西アフリカのウォロフ語の音韻論においてATRの持つ役割を詳細に記述しており，［+ATR］母音と［-ATR］母音の間には，フォルマント数値の差異，聴覚印象上の差異，舌根付近の筋肉の動きの差異などがあ

るという。

ATRの特性の検討

a) ウォロフ語の周波数分析のデータによれば，[+ATR] 母音は対応する [−ATR] 母音よりも F_1 値は低く，F_2 値に関しては，[+ATR] 母音が前舌母音と中舌低母音の場合には [−ATR] 母音より高く，その他の母音の場合は低くなっている。この事実は，調音音声学的に言えば，[+ATR] 母音は対応する [−ATR] 母音よりも高母音であり，前舌母音と中舌低母音の場合には [+ATR] 母音はより前寄り，中舌高母音と後舌母音の場合はより後寄りであるということを意味している。

中世韓国語の母音の周波数分析を実際に行うことは不可能であるが，現代ソウル語の周波数分析によってフォルマントの値を比較すると（梅田 1983：78f.），/u/ と /ə/ の F_1 値はそれぞれに対応する /o/ と /a/ よりも低いが，F_2 値は同じである。これは /u/ と /ə/ は，それぞれ /o/ と /a/ よりも狭い（高母音）が，舌の前―後の位置関係はほとんど同じであるということを意味している。/i/ と /ɔ/ に関しては，/i/ の方が F_1 値は低く F_2 値が高く，/ɔ/ よりも狭く（高く）前寄りの母音であることを示している。以上のことから，ウォロフ語において見られた [+/−ATR] 母音とフォルマント周波数の関係は，韓国語においては見られないようである。

b) 聴覚的印象としては，[+ATR] 母音は音質が「こもった（muffled）」あるいは「覆われた（covered）」ものになるという。Jacobson（1980：186）は，その理由を「咽頭が広がると，弛緩した咽頭壁によって高周波数の音が吸収され，特徴的なこもった声質が生じる」と説明している。しかし現代語に関してではあるが韓国語の場合，/u/ と /o/，/i/ と /ɔ/，/ə/ と /a/ の間にそのような特徴的な音色の差異は観察されない（「声浅／声深」との関係については59頁参照）。

c) Kaji（1997：112）によれば，発話された母音が［+ATR］であるかどうかは，舌根付近の筋肉の動きを外から観察することによってわかるという。［+ATR］母音を発音すると，舌根付近の筋肉が前進するように見えるという。しかし，現代韓国語の発音に際してそのような顕著な筋肉の動きは観察されない。

3. おわりに

以上，中世韓国語へのATR理論の導入の妥当性について検討してきた。舌根の前進と咽頭腔の拡大に関しては，現代語の観察結果ではあるが肯定的な結果を得た。しかし韓国語の場合，高母音の調音は舌全体が口蓋（palate）に向かって持ち上がって狭窄部を作るので，その当然の結果として舌根の前進と咽頭腔の拡大が起るなど，［高─低］の対立と［+/-ATR］の対立は表裏をなしている。それ以外に，ウォロフ語に見た［+ATR］母音のいくつかの特徴は，韓国語には全く見られない。韓国語の母音調和の基本原理にATR理論を導入することの妥当性については慎重な検討が必要と思われる。

〈著者追記〉

日本語版刊行にあたって，内容をわかりやすくするために，第Ⅰ章では補注を，第Ⅱ章では本文中の【　】の中に補足説明を，それぞれ加えた。

訳　　注

① **訳語**　通訳のこと。新羅訳語は新羅通訳のこと。
② **初声・中声・終声**　初声は音節頭子音，中声は母音，終声は音節末子音のこと。従来の中国音韻学では音節を声母（頭子音）と韻母（母音と末子音）の2つに分けるだけであったが，訓民正音において初めて音節の構成を「頭子音＋母音＋末子音」のように把

握した。
③ **慵斎叢話**　15世紀後半, 成宗時代の文人である成俔が著した随筆集。
④ **訓蒙字會**　1527年に崔世珍が著した漢字学習書。3,360字の漢字を収録。その凡例では, 訓民正音の子音と母音の名称を定め, 文字の順序やパッチムなどを整理した。
⑤ **都船主**　修好や交易のため対馬から朝鮮に派遣された歳遣船の「船主頭（せんしゅがしら）」のこと。『重刊捷解新語』巻1 送使船問情に「㊤左様に致ませう程に気遣被成ますな。正官人はどなたにて御座りますか。―㊅私は<u>都船主</u>　是は二船主　彼は封進で御座りまする。」（安田章釈文）などの例があり（京都大学文学部国語学国文学研究室編（1973）『三本対照捷解新語 釈文・索引・解題篇』, 京都大学国文学会）, また申維翰の『海游録』には「（対馬島に向かう―佐須浦, 豊浦, 西泊浦, 船頭港）十五日丙辰。晴。早暁, 望闕礼に参加する。対馬州の奉行平真長, 裁判平真致, <u>都船主</u>源儀らは, 祈風祭があった日から船を移して豆毛浦に停泊し, ともに風のぐあいをうかがっていた。」の記述がある（申維翰著・李進熙訳（1947）『海游録―朝鮮通信使の日本紀行（東洋文庫252）』, 平凡社, p.18）。
⑥ **『東國正韻』式漢字音表記**　『東國正韻』は, 世宗の命により申叔舟, 成三問, 崔恒らが編纂した韻書。1447年成立（48年頒布）。伝来の漢字音の混乱, 訛りを正してあるべき音を示すために作られた。15世紀のハングル文献にはこれによって漢字音を示したが, 現実の漢字音を反映していなかったことから, 16世紀に入ると全く使用されなくなった。

参 考 文 献

[I]

岩崎小彌太（1918）「德川時代學者の朝鮮の文字に關する智識（上・中・下）」,『歷史地理』32巻3-5號, 日本歷史地理學会, 上：p.36-46, 中：p.28-34, 下：p.32-40.

小倉進平著・河野六郎補注（1957）『増訂補注朝鮮語学史』, 刀江書院.

岸田文隆（2006）「対馬及び薩摩苗代川に於ける韓国語教育 ― 新資料の発見と成立論の新展開 ―（對馬 및 薩摩 苗代川에 있어서 韓國語 教育 ― 新資料의 發見과 成立論의 새로운 展開 ―）」,『第3回日韓人文社会科学学術会議論文集「修好40周年記念 日韓学術交流の現状と展望」』, 麗澤大学, p.116-136.

京都大学文学部国語学国文学研究室編（1965）『弘治五年朝鮮板 伊路波 ― 本文・釈文・解題 ―』, 京都大学国文学会.

京都大学文学部国語学国文学研究室編（1975）『小倉進平博士著作集4』, 京都大学国文学会.

武井一 HP：http://www.bbweb-arena.com/users/hajimet/yedomoji.htm

鄭丞恵（2006）「東京大小倉文庫所蔵의〈諺文〉에 대하여（東京大小倉文庫所蔵の〈諺文〉について）」,『第3回日韓人文社会科学学術会議論文集「修好40周年記念 日韓学術交流の現状と展望」』, 麗澤大学, p.169-193.

中村完（1968）「古義堂派における朝鮮研究」,『朝鮮学報』42, p.1-30.

服部四郎（1984）「奈良時代中央方言の母音体系 ― 六母音音素説について ―」,『音声学（カセットテープ, 同テキスト付）』, 岩波書店.

松本克己（1995）『古代日本語母音論：上代特殊仮名遣の再解釈』, ひつじ書房.

柳尚熙（1980）『江戸時代と明治時代の日本における朝鮮語の研究』, 成甲書房.

[II]

李基文著・藤本幸夫訳（1975）『韓国語の歴史』, 大修館書店.

泉井久之助・羅鍾浩（1968）「中期朝鮮語の母音調和と母音交替」,『言語研究』52, p.1-32.

梅田博之（1983）『韓国語의 音声学的研究（韓国語の音声学的研究）』, 螢雪出版社.

――――（1996）「韓国語の母音」,『言語研究』106, p.1-21.

Kaji, Shigeki［梶 茂樹］（1997）ATR and Wolof vowels,『言語研究』112, p.33-65.

姜信沆（1993）『ハングルの成立と歴史』, 大修館書店.

金周源（1988）「母音調和と舌縮：中世韓国語の文献「訓民正音」に見られる「舌縮」の解釈」,『通信』62, 東京外国語大学アジア・アフリカ言語文化研究所, p.5-7.

金溥一・藤崎博也・澤島政行（1975）「韓国語母音の調音における顎・舌・唇の制御の観

測」,日本音響学会音声研究委員会.
服部四郎(1975)「母音調和と中期朝鮮語の母音体系」,『言語の科学』6,東京言語研究所,p.1-22.
――――(1978)「アルタイ諸言語・朝鮮語・日本語の母音調和」,『月刊言語』7-4,大修館書店,p.80-88.
Hayata, Teruhiro [早田輝洋] (1975) A Note on Vowel Harmony in Middle Korean,『言語研究』68, p.194-118.
松本克己(1998)「ユーラシアにおける母音調和の2つのタイプ」,『言語研究』114,p.1-35.
 (『世界言語への視座―歴史言語学と言語類型論』,三省堂,2006,p.361-390 に収録)
Jacobson, Leon C. (1980) Voice-quality harmony in Western Nilotic Languages, In R.M. Vago (ed.), *Issues in Vowel Harmony* 6, Amsterdam: John Benjamins, p.183-200.

〈追記〉
趙義成 訳注(2010)『訓民正音』,平凡社.
野間秀樹(2010)『ハングルの誕生―音から文字を創る』,平凡社.

5

新ミレニアムの中国におけるハングルの生命力

李得春（이득춘）

1. ハングルの位置付け

　世宗大王が創制したハングルに込められている素朴な弁証法的思想と古代東方の哲学思想は，実に深遠で，偉大である。同じ東方文化圏に属している中国は，今日その歴史上のどの時期にも増して，韓国の文字—ハングルを好意を持って心から受け入れている。それは，世界における韓国の位置付けが高まったという背景もあるが，ハングルが「簡単にして合理的，精密にして通じやすい（簡而要，精而通）」ことが大きな要因である。簡単で通じ易いことから，中国人や他の様々な民族の人たちも容易に慣れ親しみ使用できる条件を備えている。象形原理に基づいているハングルは，点と線が互いに交わり（母音），垂直，水平な線の多様な組み合わせによって角や円として表現され（子音），それらが音韻を表しながら正方形の中に組み合わさって文字を作っている。このように，中国の文字と同様に正四角形の中に音節ごとにひとまとまりにした文字であることにより，中国人は西洋人よりも素早く視覚的にハングルを把握できるのである。

　中世の東洋易哲学を基本とする訓民正音は，すべての音と文字の生成過程を太極，陰陽，五行説で解釈する。中国人はハングルに込められたこうした思想

を容易に理解することができるのである。ハングルの基本字に反映されている五音（声），五行，五時，五方，五音（楽）訳注①の考えを，中国人はとても身近なものに感じているのである。

　中国の改革開放以来，このようなハングルの持つ特徴は，韓国と中国の間の経済と技術の交流が深まるのに伴って，様々な経路を通して産業的価値を創出するのに寄与している。

　2000年の中国人口普遍調査によれば，中国には192万3800人の同胞，すなわち朝鮮族が住んでおり，その中の82万人が延辺に住んでいる。彼らは，市場経済の急速な進展の中で激しく人口流動しながらも，どこにいようとハングルこそ朝鮮族のシンボルであり，ハングルこそ韓国語とともに朝鮮族の文化の根幹であることを心に刻み込んでいるのである。19世紀にフンボルトが言った通り，「民族の言語は，すなわち民族の精神であり，民族の精神は，すなわち民族の言語」という命題は，根幹的な民族意識は言語に現れるということをよく表している。中国の同胞たちの民族意識は，越江から150年を超えた今日まで世代から世代へと受け継がれ，ハングルと自分たちの言葉をそっくりそのまま残してきた。

　1992年の中韓国交正常化以降中国に定着し始めた韓国人は，5年後の1997年に10万人を突破し，2000年に20万人を超え，2004年からは毎年10万人ずつ増加して2007年9月現在70万人にまで急増した。中国在住の韓国人たちは，満州，北京，天津，青島，上海，杭州，広州，重慶，西安など中国の沿海地区はもとより，中国内陸地方にまで進出している。一部では「新鮮族」と呼ばれ，密集地区ではコリアタウンを形成している。彼らは，先進韓国経済の「伝道師」であるとともに，ハングルの伝播者である。

　新ミレニアムの中国において韓国語を学習し，使用する人々は，朝鮮族，中国人，韓国人の3つのグループに分けることができる。過去においては満州地域においてのみ使用されていたハングルは，今日では満州を飛び越えて中国全土に広がり，「沿海地区」だけでなく，内陸地方においても使用されている。北京はもとより，華中の張家界でも，北方のフフホトでも，世界的大都市上海

に行っても，南方の広州に行っても，中国のどこでもハングルの看板を見ることができるのである。

　ハングルは中国社会において，今や民族に関係なく使用され，旺盛な生命力を発揮している。新ミレニアムの中国におけるハングルの生命力を次のように例えることができる。朝鮮族の同胞にとって，ハングルと韓国語は「根」であり，中国人にとってはハングルと韓国語は生い茂って広がる「葉」である。そして中国在住の韓国人は，この根と葉に水をやり「根」をさらに深く，「葉」をさらに生い茂らせるのである。一言で言って，新ミレニアムのハングルは，根が深く，葉が美しい白頭山の美人松のように，同胞社会を超えて中国の全土にその勢力を広げ，力強い生命力をさらに発揮していくであろう。

2. 同胞社会におけるハングル

2.1

　中国において，朝鮮族社会の存在とそのアイデンティティは，朝鮮族の学校教育抜きに考えることはできない。また，朝鮮族同胞社会の学校教育は，「ハングル」を離れてその存在価値を論ずることは難しい。中国におけるハングルの生命力は，何よりもまず同胞の学校教育から生み出されるのである。

　図們江を超えてきた朝鮮族同胞の最初の学校教育は，19世紀末に間島に旧式書堂が建ったときから始まった。続いて各所に設立された朝鮮族の生徒たちのための学校は，日本による支配を終わらせ，故国の自主独立を勝ち取ることのできる働き手を養成することを目的としていた。20世紀初め，李東輝，桂奉瑀が西間島において編纂した「国語教科書」の「故郷」という文章には，「わが故郷が敵に略奪され，私の自由は奪われた。新大韓を建設する活動地は，外国でなくてどこにあるだろう」と書かれている。偽満州国[訳注②]の時期，日本の同化政策の下でも，同胞たちのハングルによる民族教育は一日もかかさずに綿々と続いてきた。実にハングルの強大な凝集力がなければ成し遂げられ

ないことである。光復後今日に至るまで，中国政府の適切な政策と同胞たちの努力によって，朝鮮族の学校ではハングル科を含めすべての科目がハングルを使って講義されている。今日，中国同胞の教育において，すべての教科書がハングルで書かれていること自体が，ハングルの生命力の象徴と言うことができる。その中でも，小学校から高級中学校に至るまで，ハングル教科書『朝鮮語文』は，ハングルを保存し，普及するのに非常に大きな役割を果たしている。また『朝鮮語文』の副教材として『朝鮮語文自習教科書』，『朝鮮語文語彙解釈集』，『資質提高叢書—朝鮮語文訓練』，『作文指導書』，『入試指導書』などが体系的に備わっており，生徒たちがハングルを正しく理解し，駆使できるようにしている。[1] 2005年の統計によれば，満州地域を中心に，中国全域に朝鮮族の学校（小学校，初級中学，高級中学）が計461校あり，生徒の総数は13万1154人，教師総数は1万8289人である。[2] そのうち初級・高級中学は130校余りである。

このような膨大な数の教員と毎年育成される生徒たちは，ハングル世代として今後中国全土にハングルを広めていく大きな力になるであろう。

2. 2

わが民族の生存と経済社会の発展はわが民族文化を抜きに考えることはできない。中国朝鮮族の文化は，「多元一体」[訳注③]と呼ばれる文化環境の中でも着実に定着してきている。中国というこの巨大な環境にあって，朝鮮族同胞の文化も中国文化との交流と融合を避けられない現実の中におかれているが，このよ

---

[1] 『韓国語上級学習者のための教育資料開発』（2007.6，梨花女子大学校韓国文化研究院，図書出版セロ文化），p.3-21．

[2] 上の数字は『中国朝鮮族小中学校一般概況』（2005.5，延辺教育出版社）によるものである。ここ数年，学校数が減ってきている可能性がある。例えば，2005年には延辺朝鮮族自治州に朝鮮族学校が197校あったが，2007年初めには164校に減少した。（『2006-2007年度延辺教育統計資料』による）このことから，全国的にも減少傾向を推測できる。

うな状況の中でも同胞たちは民族文化の伝統を最大限継承している。それは，文化の基盤であるハングルと韓国語の使用を，あらゆる領域に拡張してきたためである。

　中国における同胞文化の基礎は，多様な出版物やラジオ・テレビ放送，様々な文化団体の活動によってしっかりと固められている。中国には，省・国レベルの韓国語放送が黒龍江，延辺および北京にあり，延辺には独自の韓国語テレビ衛星放送もある。延辺の各県，市もそれぞれテレビ放送を持っている。延辺テレビジョンは現在毎日独自の番組を206分ずつ放送している。[3] 県レベルの地域ラジオ放送局は10か所あるが，すべて独自の番組を持っており，同胞の村どこででも，そしてどんな山奥ででも韓国語放送を聴くことができる。

　中国には6つの国家レベルの韓国語出版社があるが（延辺人民出版社，延辺教育出版社，延辺大学出版社，遼寧民族出版社，黒龍江朝鮮民族出版社，中央民族出版社），最近10年間にハングル図書8800種余りを出版した。国家レベルのハングルの新聞は，『吉林朝鮮文報』，『遼寧朝鮮文報』，『黒龍江新聞』，『延辺日報』，『中国朝鮮族少年報』，『朝鮮族中学生報』などおよそ20種にもなる。また『中国朝鮮語文』，『延辺女性』，『松花江』，『延辺医学』，『文学と芸術』，『延辺文学』，『桔梗』，『長白山』，『中国民族』，『少年児童』，『青年生活』など20種の雑誌が発刊されている。このような言論メディアはハングルの底力を示しているだけでなく，ハングルをあらゆる方面に広めるのに役立っている。延辺朝鮮族自治州と黒龍江省牡丹江市には独自の歌舞団と演劇団があり，延辺の各県・市もすべて芸術団と文化センターを有している。[4] これらの文化芸術事業は，すべてハングルと韓国語で行われており，中国人は延辺を「歌舞の故郷」，「文化の故郷」であると称賛している。こうした文化団体や言論メディアはすべてハングルの規範を守っており，ハングルは一つの統一された姿

---

[3] 리호남，「TV番組を適切に編成することは，延辺テレビジョンの根本的な使命」（『文学と芸術』，2007年第6期）．

[4] 『朝鮮語研究』5，延辺言語研究所編，黒龍江朝鮮民族出版社，2006.12．

で中国の全土に広まっている。今日，中国の改革開放政策の下で，経済社会の発展に合わせて，その文化も日に日に経済と密着の度合いを強めているが，こうした多元一体の文化的現実の中でも，同胞社会における「ハングル第一主義」は変わることなく持続している。

2.3

　中国でハングルが今日まで存続してきた歴史は，延辺大学を抜きに語ることはできない。1949年設立の延辺大学は中国におけるハングルの産室と呼ばれるにふさわしい。60年の間途切れることなく数千数万のハングルの能力を持った朝鮮族と中国人の人材を育成し，中国各地へ送り出してきた。まさにハングルのあるところには延辺大学の卒業生がおり，延辺大学の卒業生のいるところにはハングルがあるという状況となっている。

　ハングルに習熟した人材を育成するには，研究者たちのたゆまぬ努力が必要となる。延辺大学の学者たちはそのために様々な著作を刊行している。崔允甲（최윤갑）の『朝鮮語文法』，방장춘・김상원の『現代朝鮮語』（語音，語彙，形態，文章），강은국の『現代朝鮮語文法論』，최명식・김광수の『朝鮮語文法』などは，延辺大学朝文学部において，世代から世代へとハングルの人材を育成するのに大きな寄与をしている。卒業生たちは，ここで習った知識を土台として，自分の能力を存分に発揮している。安炳浩（안병호）の『朝鮮漢字音体系の研究』，崔允甲の『中世朝鮮語文法』，宣徳五・趙習の『朝鮮語方言調査報告』，全學錫（전학석）・김상원・리윤규の『中国朝鮮語実態調査報告』など数多くの著作が次々と出版され，韓国語の歴史と現状についての研究の途を切り開いてきた。김기종ら延辺言語研究所が編纂した350万字にも及ぶ『朝鮮語辞典』は，同胞たちの言語生活の手引きとして使用されている。許東振・韋旭昇の『韓国語実用語法』，宣徳五の『朝鮮語基礎語法』は韓国語を学ぶ中国人学生の必読書になり，中国人にハングルを広めるのに貢献した。また，これまでに数十編の博士学位論文が出版されており，中国においてハン

グル研究がいかに多角的に展開されているかを示すとともに，延辺大学にハングル研究の頼もしい後継者が育っていることも示している。

　世宗大王が創制した『訓民正音』についての研究に関しては，延辺大学草創期に発表された오봉협（オ　ボンヒョプ）の「ハングル河圖（하도（カド））訳注④起源論」を最初に挙げなければならない。「ハングル河圖起源論」は，訓民正音研究において延辺大学が最初に提唱したものであり，河圖説について論じるならば，この著作を除くことはできないのである。河圖起源論で提示した訓民正音の母音の順についての正確な解釈は，ハングル研究史において一つの成果となったことは間違いない。今日においても延辺大学はハングル研究の分野において世界の中で独自の地位をしっかりと保持している。

3.　中国におけるハングルの過去と現在

3.1

　ハングルは，これまでの歴史において中国文化の発展に大きな貢献をした文字である。世宗は『訓民正音』を創制するにあたって言語政策的な観点から漢字音を明らかにするという動機を持っていた。申叔舟（신숙주（シンスクチュ））が『東國正韻（동국정운）』序文で述べているように「若不一大正之，則愈久愈甚，将有不可救之弊矣」な現実において，世宗は朝鮮漢字音と中国音の違いを明らかにし，正しい音を表す文字を作ることに決めたのである。世宗は，1444年（世宗26）2月に『韻會』を翻訳させ，中国語の発音をハングルで表した。この時から，ハングルを使った中国語の音韻についての研究が開始され，明・清の時期の中国語音をハングルによってそのまま表記する歴史が始まったと言えよう。朝鮮王朝の学者たちがハングルで中国語の語音研究をした文献は，次の4つに分類される。

　第一に，『洪武正韻譯訓（홍무정운역훈）』，『四聲通解（사성통해）』，『華東正音通釋韻考（화동정음통석운고）』，『三韻聲彙（삼운성휘）』，『奎章全韻（규

장전운)』のようなハングルで中国音を表音した韻書。

第二に,「訓民正音解例（훈민정음해례）」,「東國正韻（동국정운）序文」,「飜譯老乞大（번역노걸대）. 朴通事凡例（박통사범례）」のような理論的叙述。

第三に,『老乞大諺解（노걸대언해）』,『朴通事諺解（박통사언해）』,『五倫全備記諺解（오륜전비기언해）』,『華音啓蒙諺解（화음계몽언해）』のような中国語学習読本のハングル翻訳書。

第四に,『譯語類解（역어류해）』,『語錄解（어록해）』,『華語類抄（화어류초）』などハングルで表音し，解釈した対訳辞書。

表音文字である『訓民正音』で中国語音を表記するという，当時の中国人ができなかったことを朝鮮の学者がやり，語音表記なしに漢字だけ伝えてきた中国語の歴史に終止符が打たれた。朝鮮王朝の学者たちは対照言語学的な観点から，中国語を共時的にだけではなく通時的にも研究した。彼らは何世紀にもわたって世代交代をしながら『中原音韻』訳注⑤以来の中国語音の変化の過程を克明に記録し続けてきたが，これは中国語音韻研究史に滅することのない歴史的貢献をしたことになる。

21世紀に入って，近世中国語の研究分野の中で，韓中語音を比較した文献研究の重要性についての認識が広がり，中国語と他言語との関係についての研究において特別な学術的地位を与えられるようになった。こうしたことをふまえ，中国の学界（中国語学会学術会）においても遅まきながら，朝鮮文献研究グループを設置することにした。

以上の事実は，世宗大王が創制したハングルが生まれたときから国際音声記号としての特性を持っていたことを示している。

3.2

16世紀初め，朝鮮王朝の漢学者崔世珍（최세진）は中国語会話教習書『朴通事（박통사）』と『老乞大（노걸대）』訳注⑥をハングルに翻訳することによって，外国人のための中国語教育に輝かしい業績を残した。『飜譯老乞大（번역

노걸대)』と『飜譯朴通事（번역박통사）』は，中世期における外国人のための中国語学習の教科書としてユニークな特徴を持っている。それは，漢字ごとにハングルで北京音を表記したこと，中国語本文の語彙集『老朴集覽』を編集したこと，中国文の下にハングルの翻訳文を付けたこと，攻究図書『四聲通解』を編纂したことなどである。言い換えれば，『飜譯老乞大』と『飜譯朴通事』は，中国語の語音，語彙，句節（文法）について立体的に表音，注釈，翻訳をすることで，外国人が中国語を学習するにあたって当時としては完璧な教科書としての役割を果たしたのである。これはラテン文字で中国の山西の音を表記したフランス人宣教師ニコラ・トリゴーの『西儒耳目資』（1626）よりも一世紀以上先立つものである。

実際，崔世珍の業績は，現在から見ても，中韓両国のために大きな意義のあるものであった。崔世珍はハングルを中国語学習に応用した最初の人であり，中国の学者たちは，「他的著作為研究十六世紀初的漢語北京音提供了全面的，具體的，準確性極大，價值極高的歷史資料」と崔世珍を高く評価しているのである。[5]

3.3

現代では，中国社会のどこに行ってもハングルを見かけるし，あちこちで韓国語を聞くことができる。

冷戦時代の終息と中韓国交回復とともに中国「沿海地区」から始まった韓国語ブームは，新ミレニアムに入って8年になろうとしている今日でもその熱気は衰えを見せていない。韓国語ブームの下で，中国の各大学では韓国語科を設置しており，ハングルは今や多くの大学で大学を代表する人気の専攻分野になっている。こうした大学ではハングルの能力を持った数千の人材を育成して

---

[5]「論崔世珍在朝鮮語文和漢語研究方面的貢獻」，『民族語文論集』，中國社會科學出版社，1981.

産業の現場に送り出し，中韓友好のみならず中国の経済革命に貢献している。こうした産業との連携を通じて，ハングルの影響力は学校の範囲を超えて社会の各分野に広がっている。韓国語科が設置された大学は沿海地区だけでなく東北，華北，華東，華南，中原，西北，西南の各地域に分布しており，一流名門大学から地方の大学にまで及んでいる。国立大学で本科に韓国語科を開設した大学は，2007年現在50か所以上になっている。これに，韓国語科を開設した国立の3年制の単科大学や韓国語プログラムを運営している大学を含めれば，100か所を超えている。2007年現在，国立大の本科の在学生は1万2000人余り，教授も2002年の178人からほぼ倍に増加したと見られる。[6] この様に全国的に韓国語科を開設した大学が急増し，在学生の数が増えるとともに，学生の就職先の範囲も広がっている。就職率も高まっており，韓国語科は規模や人気度において英語，日本語，ドイツ語，フランス語に次ぐ外国語学科となっている。

最近では，多くの大学でこれまでの単純な韓国語教育の範囲を超えて，人文・社会科学を含む「韓国学」の学科を新しく開設する動きが広まっている。新中国における「韓国学」は前世紀の40年代末から始まっているが，本格的な研究は，中韓国交正常化以降であると言うことができる。それまでは今のように各学校に韓国語科や韓国学研究所があったわけではなく，延辺大学と北京大学に韓国語科があるだけであった。中韓国交正常化後に多くの大学に韓国語科や韓国学関連の研究所が創設されたが，今後も様々な研究が続けられていくであろう。たとえ中韓の間に政治，経済，文化，外交などの面において一時的に摩擦が生じても，様々な領域での交流と共同作業は変わらずに続き，今後も韓国学と韓国語は中国全土で発展を続けていくであろう。

---

[6] 1) 김병운 キムビョンウン，「中国における韓国語教育の昨日と今日」，『中韓修好15周年記念および2007年年次学術発表大会論文集』(2007.7.21, 中国韓国語教育研究学会編).
 2) 윤여탁 ユンヨタク，「中国の韓国語教育の現状と特殊性」，ドンサン.
 3) 묘춘매 ミョチュンメ，「中国人対象の韓国語上級学習者のための教育資料の開発」，『韓国語上級学習者のための教育資料開発』(2007.6, 梨花女子大韓国文化研究院).

韓国語科が近年大きく発展したのは，大韓民国の存在感の高まりや，中韓関係の緊密化の影響もあるが，それとともに「ハングル」が学習が容易で，それを習得した人たちはその能力を活かして就職するなど，経済産業に直接結びついているためである。これは，産業の現場がハングルを駆使できる人材を必要としていることの結果である。大学や研究所から中国国内の多くの産業の現場にまで浸透したハングルは，今や同胞たちだけのものではなく，世界に通用する文字となっている。

ハングルの奥深い魅力と産業的価値に着目して，中国人の親たちは子弟を小さいうちから同胞学校に入学させ，徹底的にハングルを身につけさせている。特に吉林省延辺地区においてこうした傾向が強い。最近では，中国人学校にもハングル科が設置されるようになっている。

4. ハングルは資源

ハングルは，中国朝鮮族の同胞にとって単に文字として意味を持つだけではなく，経済的価値を生み出す文化—産業的資源である。民族文化は，民族の独自性を示すものであり，民族の生存発展の土壌である。朝鮮族の文化を論じるとき，我々はハングルと韓国語を抜きに考えることはできない。ハングルと韓国語は，朝鮮族の文化の根幹であると言える。根幹と言えば，「民族の精神」であるが，その「民族の精神」は「民族の言語」で表現されるのである。文字は，言語を記録する符号であり，しかも人類の認識活動の次元としては言語よりも高い段階にある。このような意味において，ハングルは朝鮮族同胞のアイデンティティを体現する基本要素であり，同胞の社会と文化を映し出す重要な要素であると言うことができる。

朝鮮族の同胞は，日々の生活において「母語第一主義」を実践している。新ミレニアムは情報化時代，知識基盤の社会であり，中国の同胞にとって，ハングルが情報化の最も重要な道具であることは間違いない。ハングルは同胞社会の経済および科学技術の現代化と直結している。これは決して誇張ではない。

ハングルと韓国語は中国の同胞たちにとって重要な資源なのである。ハングルは「有形」の資源であり，韓国語は「無形」の資源である。今日に至るまで，「有形」と「無形」が互いに機能を分担しながら富を創造しているのである。

　ハングルは観光資源である。延辺を訪れる客の第一印象は，ハングルの看板から始まる。延辺は中国の人たちに「歌舞の故郷」として有名だが，その歌を聴いて思い浮かべるのもやはりハングルなのである。飛行機や列車から降り立ったときから，中国の他の地域とは異なる人文，住宅，民族，文化に接する最初の媒体が韓国語とハングルである。ソウルから来た客たちは，延吉や龍井の街にハングルの看板が溢れているのを見て，故郷に来たようだと言う。もし，延吉や龍井にハングルの看板がなかったとしたら，延辺朝鮮族自治州の街であると誰が思うであろうか！

　ハングルは経済資源である。観光によって産み出される経済的効果は別としても，2007年初めからの訪問就業制によって，韓国で就業した30万に達する中国の同胞が韓国で収入を得ていることもハングルのもたらした効果である。ハングルをずっと使い続けてきた中国の同胞たちは，言語や文字の面で他の国の人々よりも有利な立場で多額の収入を得ることができ，その資金は延辺の経済を潤している。2006年延辺朝鮮族自治州から外国に労働に出かけた同胞たちが延辺に送った資金は10.6億ドルを超え，自治州の財政収入の2倍を超えたと言う。労働者自身が持ち帰った分まで合わせると，20億ドルとも推定される。[7]

　この他，中韓国交回復以来，多くの朝鮮族の人々が通訳やガイドとして満州から中国南方に南下し，ハングルと韓国語を駆使して韓国の観光客との架け橋の役割を果たしており，彼らの収入はやはり故郷の満州に送られている。

　ハングルは人的資源である。中韓国交回復以来設立されたおよそ100近くの中国の国立大や私立大の韓国語科の卒業生たちは，ハングルを駆使できる能力

---

[7] 1）『延辺日報』，2008.3.6.
　　2）황 유복（ファン ユボク），「世界化時代に朝鮮族が生き残る道」，『文学と芸術』，2007年6期.

を持った貴重な人材である。彼らの多くは産業の現場—韓国企業や中韓合資企業で働いている。大学でハングルを教える教師の大部分もこうしたハングルを専攻した中国人や朝鮮族の同胞である。延辺大学では前世紀の50年代から優秀な教員と卒業生を中原に送り込み，彼らは生涯それぞれの地に留まって，ハングルに習熟した人材の育成に当たってきた。このような伝統は今日まで続いており，数百人の延辺大卒業生が中国各地でハングルを教えている。

中韓国交回復後10年余りの間，中国に進出した韓国企業は，中国国内の朝鮮族からハングルに習熟した10万人を超える人材の供給を受けてきた。このために，韓国の多くの企業にとって中国進出が容易となり，その事業を中国南方や大都市に移転することができたのである。[8] 延辺大の朝文学部と韓国語学部の卒業生の就職状況が毎年良好なのも，ハングルという「宝物」を持っているためであることは言うまでもない。

近年，文化産業は世界的に重視されるようになっているが，中国の文化産業が創出している価値の多くは，韓国語とハングルが創出したと言うことができよう。

韓国語とハングルが中国社会において資源の一つとなっていることは，この他にも様々に説明することができる。中国の同胞たちは，ハングルは資源であり，それが収入に結びつくことを日々実感するとともに，このようなハングルを持っていることを誇りに思っているのである。有形の「ハングル」と無形の「韓国語」は，新ミレニアムの世界化の波の中でその価値をさらに輝かせるであろう。

5. 新ミレニアムの中国におけるハングルの前途

新ミレニアムの中国におけるハングルの前途について考えてみよう。

この問題を論じるには，中国同胞の山海関[訳注⑦]以南への移動と韓国人の中国

---

[8] 『延辺日報』，2008.3.4.

進出を併せて考察してみる必要がある。

 よく知られているように，20世紀末における中国朝鮮族の人口の減少と都市化による人口の大量流出などにより，同胞社会におけるハングルとハングル教育は必ずしも順調な時期ばかりではなかった。中国におけるハングル文化は，強力な文化の影響を常に受け続けており，民族文化は異質なものとして変容を迫られる危機に日々さらされてきた。このような厳しい文化の現実の中でも同胞たちはハングルを何よりも大切なものとして守り続けてきており，これからも，中国同胞のハングル文化は韓半島とともに発展していくであろう。

 ハングルの前途について論じるとき，我々は新しいハングルコミュニティの構築について考えるのである。言うまでもなく，延辺朝鮮族自治州をはじめとする満州地域は，元々の韓国語地域として，ハングルがずっと保存され発展していくであろう。

 20世紀末，中国朝鮮族の多くの人々が中国関内に進出していった。[9] 中国朝鮮族の伝統的な居住地域に「地殻変動」が起こり，満州地域の他に新しい4つの朝鮮族居住地域が形成された。その分布は，深圳，広州を中心として華南地域に6万人，上海，南京，義烏，杭州を中心に華東地域に8万5千人，青島，威海，煙台を中心として山東地域に18万人，北京，天津を中心とした首都圏に17万人である。

 朝鮮族の居住地域が中国全土に広がるとともに，韓国人たちが時を同じくして中国大陸に進出し，2007年上半期の集計によれば，すでに70万人を超えている。[10] 中国の大都市と沿海地区の朝鮮族と韓国人の急増は驚くほどである。例えば，北京に暮らす韓国人は10万人にのぼるが，そのうち5万人は望京で朝鮮族同胞10万人とともに居住している。天津には朝鮮族4万人と韓国人6万人が，上海には朝鮮族3〜4万人と韓国人5〜6万人，山東省には朝鮮族18万人と韓国人12万人がともに生活している。[11]

---

[9] 『延辺日報』，2005.12.22,「朝鮮族社会居住地域，がらりと変わる」.
[10] 『延辺日報』，2007.5.19, 2007.9.2.

このような朝鮮族の人口流動と韓国人の中国への流入は，ハングルにとって新たな出発点となり，ハングルの保存と更なる普及に有利な条件を整えたのである。中国大陸においてまさに新しいハングルのネットワークが形成されつつあることを示すものである。

　新たに中国に住むようになった韓国人と南下してきた朝鮮族との間に時に不協和音もなくはなかったが，全体としては友好的なコミュニティを作り上げている。彼らにそれができるのは，市場経済のグローバル化の波の中をともに駆け抜けているからだけではなく，同じ言語を使用し，同じ文化を共有しているためである。中国の朝鮮族の同胞は，国籍は韓国人と違っても，先祖の国は同じである。韓国人と朝鮮族は，新しい定着地を中心に中国全土にハングルネットワークを築き上げていく二本の柱となるのである。

　中国全土で朝鮮族や韓国の人たちが様々に活動する中で，各所にコリアタウンが形成されつつあり，経済面ばかりでなく現地に定着する上で最も必要となる教育・文化インフラの整備も進められている。山東省青島市李滄区の青島朝鮮族小学校，煙台朝鮮語国際学校，青島韓国学校，青島市城陽区西元荘小学校，青島劈山朝鮮族小学校がその一例として挙げられる。この他，全国レベルの同胞新聞として，北京の『北京ニュース』，山東省の『沿海新聞』なども発行されている。[12] 中国沿海地区におけるコリア社会の出現と上記のような学校の整備は，中国大陸におけるハングルの普及地域を新たに拡大している。今後，中韓関係の持続的発展と相まって，ハングルの影響力はこれまで以上に大きくなっていくであろう。韓国語を学ぶ人々は日々増え続けており，また韓国語を話す人々は次々と新しい地域に進出している。こうした状況の下で，満州地域と沿海地区が新しい生態的バランスを保ち，調和してやっていくことに

---

[11] 『延辺日報』，2006.11.22, 강정숙(カンジョンスク),「望京―北京の朝鮮族の新しい村」．
『中国民族』，2006.3号, 김호림(キムホリム),「錨を上げた天津のわが同胞」．
『延辺日報』，2005.12.31,「延辺人民放送」2006.12.13．

[12] 『延辺日報』，2005.10.22,「急成長する山東省コリアタウン」．
『延辺日報』，2007.3.27,「青島朝鮮族の希望―서원장(ソウォンジャン)小学校」．

よって，世界におけるハングルの位置付けはより高まるであろう。

訳　　注

① **五音（声），五行，五時，五方，五音（楽）**　『訓民正音』制字解は，五音（牙舌唇歯喉）を五行説に基づいて説明する。例えば，五音のうちの喉（音）は，五行の「水」，五時では「冬」，五音（楽）では「羽」，五方では「北」にあたるとしている。「夫人之有聲本於五行。故合諸四時而不悖，叶之五音而不戻。喉邃而潤，水也。聲虚而通，如水之虚明而流通也。於時為冬，於音為羽。…故五音之中，喉舌為主也。喉居後而牙次之，北東之位也。」
② **偽満州国**　「満州国」を独立国としてみなさない立場からの中国での呼び方。
③ **多元一体**　中国に住む諸民族は，接触，混合，融合などを通じて，個性を持ったままの多元的統一体を形成しているという考え方。(「中華民族多元一体格局」(費孝通，1989))
④ **河圖**　古代中国の伝説上の瑞祥。中国宋代（12世紀）の朱子は，東西南北中央に一定の数で配列された 55 の点で表される図（十数図）であるとして，この図を周易の基本とした。
⑤ **『中原音韻』**　中国元代の周徳清によって作られた韻書（1324 年）。当時の発音に基づいて記録されており，近古音研究の基本文献とされる。
⑥ **『朴通事』，『老乞大』**　高麗時代末に成立したと言われる中国語学習書。朝鮮時代には司訳院で通事養成のための教科書として用いられた。
⑦ **山海関**　中国の万里の長城の一部を構成する要塞。華北と東北の境界となっており，山海関より西側を「関内」，東側の満州を「関東」または「関外」と呼んだ。

6

ヨーロッパにおけるハングル研究

ベルナ・サッセ（Werner Sasse）

　本稿では，下記の李基文（イギムン）の論文を参照しつつ，初期のハングル研究（17世紀から19世紀まで）について概観することとする。

　李基文「19世紀西欧の学者たちによるハングル研究」，『学術院論文集人文社会学編』39（2000），p.107-53（英文抄録 p.153-155）.

　西欧における初期のハングル研究に関するこの論文は，20世紀初めまでの韓国学の学者たちによるハングルに関するすべての記述を省略することなく引用，検討するとともに，詳細な書誌情報を付加している。

≪19世紀以前の研究≫
　Hendrik Hamel and Mattheus Eibokken（p.109）
　Dr. Hager（p.111）
≪19世紀初めの研究≫
　Jean Pierre Abel-Remusat（p.114）
　Heinrich Julius Klaproth（p.118）

Karl Friedlich August Gutzlaff（p.120）

  Walter Henry Medhurst（p.122）

  Philipp Franz von Siebold（p.124）

 ≪19世紀後半の研究≫

  Alexander Wylie（p.125）

  Leon de Rosny（p.126）

  Charles Dallet（p.129）

  韓仏辞典及び韓国語文法（Dictionnaire Coreen-Francais and the Grammaire Coreene）（p.131）

  Carl Faulmann（p.135）

  John Ross（p.135）

  William George Aston（p.138）

  Isaac Taylor（p.138）

  Georg von der Gabelentz（p.139）

  Philippe Berger（p.141）

  Terrien de Lacouperie（p.142）

  James Scott（p.144）

  Maurice Courant（p.147）

　李基文教授によれば，ヨーロッパ人がハングルに関心を持ち始めた当初の段階では，彼らの関心は，漢字文化圏の中で韓国が（そして韓国だけが），独自の表記法を生み出すことができたという点に向けられていた。この事実は，驚くべきこととして，大きな関心を呼んだのである。しかし，こうした西洋人からの関心を超えて，より深い分析が行われることはなかったという点で限界があったと言えよう。

　ハングル研究の第二段階は，世界のすべての表記法（文字）は，共通の起源を持つのかという19世紀ヨーロッパの支配的な議論（系統論）と，すべての表記法（文字）を包含する系統図を作ろうという試みに影響を受けた。ハング

ルの起源についても検討され、ハングルはその基礎に、サンスクリット語の聖典と文法の伝統を基礎とするインド・チベットの伝統の影響があり、ハングルのルーツを仏教の学識の中に想定するのが一般的であった。(この点に関しては本章の「後記」で再度言及することとする。)

　ハングル研究(あるいはハングルの紹介)は19世紀末に新しい局面を迎えた。ハングルは単独の文化的産物としてではなく、韓国文化全般についての研究の中に含めて考えられるようになったのである。李基文は、ハングル研究の研究視野の拡張を先導した研究としてモーリス・クーランの下記論文を挙げている。

Courant, Maurice　　*La Corée ancienne à travers ses livres. Réédition de l'Introduction à la Bibliographie Coréenne*(書籍に見る古代朝鮮。朝鮮語書誌学入門〔再版〕), Paris: 1985.

20世紀に出版された言語事典におけるハングル

　20世紀に入ると世界の全ての表記法をまとめた概要書(事典)が出版されるようになった。その中でハングルについては、ほぼ共通して子音と母音の書記素(字素)の成り立ちと、それらがどのように音節に組み合わされるかについて説明されている。また、調音特性に基づいて創制されたハングルの独創性を強調し、哲学的あるいは形而上学的背景にも簡単に触れている。さらにハングルが長い間漢文と並んで記されてきたことにも言及している。近年に出版されたものでは、日本統治時代にハングルが韓国文化を持続するための闘いの重要な手段になったこと、そして今日韓国のアイデンティティを高める上で中心的な役割を果たしていることにも言及している。

Février, James　　*Histoire de l'écriture*, Paris: 1948 [1959].

Jensen, H. *Die Schrift in Vergangenheit und Gegenwart*, Glueckstadt/ Hamburg: 1935, abr. ed. Berlin: 1958.

Friedrich, Johannes *Geschichte der Schrift*, Heidelberg: 1966, p.154-155, Examples 374-375, taken from: Jensen 1935/1958.

Coulmas, Florian *The Writing Systems of the World*, Oxford: 1989, p.118-122, and passim.

Haarmann, Harald *Universalgeschichte der Schrift*, Frankfurt/ New York: 1990, p.355-360.

ハングルの起源を主題とした論文

ハングルの起源を主題とした論文としては次の3つを挙げることができる。(エッカルト (Eckardt) は，初期の出版物に見られるハングルの字形と，伝統木造家屋の窓や戸などの模様に関連があると述べている。)

Cohen, Marcel *La grande invention de l'écriture et son évolution*, Paris: 1958 [3vols].

Eckardt, André Der Ursprung der koreanischen Schrift, *Mitteilungen der Gesellschaft fuer Natur- und Voelkerkunde Ostasiens*, Tokyo: 1928.

Eckardt, André Zum Ursprung der koreanischen Buchstabenschrift, *Zeitschrift fuer Phonetik, Sprachwissenschaft und Kommunikationsforschung* 17, Berlin: 1964, p.505-513.

東ヨーロッパにおけるハングル研究

ロシア（旧ソ連）の学者たちは，ハングルの創制とその歴史，北朝鮮におけ

る綴字改革などに深い関心を持っていた（*Studies on Korea*, Hawaii: 1980, 김^{キム} 한교^{ハンギョ} 訳)。また，チェコにおいてもハングルが紹介されている。

Kholodovich, A.A.　　O proetke reform koreiskoi ortografi 1949（1949年朝鮮正書法における綴字改革に関して），*Voprosy koreiskogo I kitaiskoko yazykoznaniya*, Leningrad/Moskwa: 1958.
　　…動詞形態論の観点から，15世紀に廃れた二つの記号を復活し，新しく四つの記号を作り出した北朝鮮の失敗に終わった綴字改革についての批評。

Kontsevich, L.R.　　Pervyi pamyatnik koreiskoi pis'mennosti (Opytsostavleniya kriticheskogo teksta perevoda)（ハングルで書かれた最初の文章（本文批評）），*Narody Azii i Afriki* 4, Moskwa: 1965, p.160-173.
　　…訓民正音のロシア語翻訳（諺解本と漢文本の差異に関する小考を含む。）

Kim, F.Z.　　Printsipy postroeniya koreiskikh grafem（ハングル書記素の構造的原則），*Voprosy yazykoznaniya* 4, Moskwa: 1960, p.85-96.
　　…ハングルの字形は文字を発音する際の調音形態をまねて作られたと論じる。

Kim, F.Z.　　Sozdanie koreiskogo zvutovogo pis'ma khunmin chonym（朝鮮の文字，訓民正音の発明），*Voprosyfilologi sbornik statei*, Moskwa: 1957.

Kim, F.Z.　　Iz istorii razvitiya koreiskogo alfavinogo pis'ma khunmin Chonym（朝鮮の文字，訓民正音の発達史），*Koreiskii yazyk*, Rossiiskaya Akademiya Nauk, Moskwa: 1961.

Pultr, A & V. Pucek　　Z historie korejského písma（朝鮮文字の歴史について），*Nový Orient* 24, Prague: 1969, p.202-208.

ハングルの字形の特性に関して

ハングルの効果的な教授方法の模索に関連して,哲学的背景と発音とを関連させた字形のシステムについて繰り返し説明されている。(以下は,国際学術会議やワークショップなどでの配布資料である。)

Sasse, Werner	「한국어 글자 한글 교수 방법에 관하여 (韓国語の文字ハングルの教授方法に関して)」, 문맹퇴치와 한글, 세종대회, Seoul: 1977.
Huwe	Han'gŭlgwa k'ŏmp'yut'ŏ. K'ŏmp'yut'ŏ naeŭi han'gŭl ch'ŏri wihan Hunmin chŏngŭme nat'ananŭn chamo paeyŏlsun (ハングルとコンピュータ。訓民正音における字母の配列順―ハングルのコンピュータ処理のために), *Han'gŭl-Schrift und Computer. Die Reihenfolge der Konsonanten und Vokale im Hunmin chŏngŭm für die Verarbeitung der koreanischen Schrift im Computer*, 문맹퇴치와 한글, 국제학술 대회, Seoul: 1997, S.179-188.
Huwe	Das eigentliche koreanische Alphabet. Über das alphabetische System der koreanischen Schriftnach den philosophischen Prinzipien des Hunmin chŏngŭm (韓国アルファベットの基礎。訓民正音の哲学的原理に基づく韓国文字のアルファベットのしくみ), *Orientierungen. Zeitschriftzur Kultur Asiens–Neue Mitteilungen des Seminars für Orientalische Sprachen*, Jg. 2000, Heft 2, S.30-64.

サンプソン(Sampson)の下記の論文は,ハングルの根幹となっている音韻論的特性に焦点を当てた最も包括的な論考であり,音節構造に関する詳細な議論,正書法の歴史(北朝鮮を含む)にも言及している。また,周時經(주시경)の言語についての考え方は近年の「生成論的」言語理論を思い起こさせ

ると述べ，書記素の数が相対的に少ないことの長所と短所についても論じている。

Sampson, Geoffrey　　A featural system: Korean Han'gŭl（フィーチュラルシステム，ハングル), ch. 7 in *Writing Systems- A linguistic introduction*, Stanford, CAL: 1985, p.120-144.

訓民正音のドイツ語訳

　訓民正音のドイツ語翻訳としては下記の論文が唯一のものである。ただしこの論文は，ハングルの書記素の音を説明している漢字をすべて現代の発音で表記しているため，正確な内容を理解するのが難しいという問題がある。

Franz, Wolfgang　　「訓民正音」(1446) = *Die richtigen Laute zur Unterweisung des Volkes,* Wiesbaden: 1980, S.48
(Veroeffentlichungen der Se-Jong-Bibliothek des Seminars fuer Orientalische Sprachen).

後記　ハングルとヴェーダ・サンスクリット語の伝統との関係についての再検討を期待する。

　ハングルは，近代韓国のアイデンティティの一部であり，多くの人々にとって世界で唯一の「科学的」表記法である。しかし，こうした考えはあまりにも漠然としていて，具体的に何を意味するのかは分かりにくい。また，ハングルの独特さを強調しすぎるのも，それぞれの文化はより広範囲の文化の相互作用圏（Kulturkreis：文化圏）の一部を成していると考えている外国人読者たちに疑いの念を呼び起こしかねない。

前述したように，20世紀以前には多くのヨーロッパの学者たちはハングルのルーツをインドや仏教の伝統の中に見つけようとしていた。ハングルとパスパ文字の字体が関連している可能性に関する最近の包括的な議論としては，アメリカのゲーリー・レドヤードの優れた博士論文がある。

Ledyard, Gari　　*The Korean Language reform of 1446: The origin, background, and early history of the Korean alphabet*, U.California, Berkeley: 1966.

先日，インド哲学の学術誌でオランダの学者の論文で，以下のような文章を見つけた。

Staal, Frits　　Artificial Languages across Sciences and Civilisations（科学と文明によって作られた言語），*Journal of Indian Philosophy* 34, 2006, p.87-139.

　「ヴェーダ詠唱者により，紀元前1世紀中頃のヴェーダ・サンスクリット語が再現され，その音を作る際の調音の型が明らかになったことは，その最大の発見の一つである。」(p.108)

　「インド文字の体系について十分な理解を持たず，中東やヨーロッパの言語の基礎の一部をかじっただけの最近のインド文字を専攻する学生たちは，しばしばインドの文字体系を無視して「字形」にのみ関心を注いでいる。」(p.109)

　「…その文字（ハングル）はインド文字の「体系」を基礎として学者集団によって開発され，全く独創的な字形の体系として表現された。」(p.109)

「世界で最も完成された文字であるハングル…その基礎となる体系はインドから来ている…しかし文字の形は完全に独創的で，韓国語の音にぴったりと合っている。」(p.112)

筆者の考えでは，文字の形ではなく，文字の体系に着目することによって重要な問題が提起されるように思われる。
― 世宗大王と集賢殿の学者たちは音声学を含めたインド語文法の伝統をどのくらい知っていたのであろうか。仏教の信者である世宗大王は，宗教的な伝統だけではなく，学問的に言語学の伝統にも造詣が深かったのではないだろうか。
― その知識は，インド語文法の伝統についての直接的な知識だったのだろうか。それともインド語文法の伝統は中国の伝統として，さらに発展を遂げて韓国に到着したのであろうか。
― 世宗大王と集賢殿の学者たちは，音声学の考え方を適用しただけなのであろうか。あるいはインドや中国の学問に基づいて新しく発展させたのであろうか。それとも全く独創的な考え方だったのであろうか。

私は，文字の形ではなくその体系に焦点を合わせてハングルのルーツをみつけなければならないという，フリッツ・スタール（Frits Staal）の意見に同意する。

ハングルは，文字の形に関しては独創的と言えるが，それだけではなくインドに始まる偉大な伝統の一部を成すものであり，またその最も洗練された最終産物であることを認めなければならないとしても，それはハングルにとって大きな強みとなるであろう。ハングルはアジアにおける最も優れた，そして最も長い歴史を持った伝統の中に位置付けられ，グローバル時代に極めて重要な価値を持つものとして，誇りに思うに値するものではないかと思う。

7

韓国語文生活史*

洪允杓(홍윤표)

1. 序論

　国語(韓国語)は日常生活と不可分の関係にあるが,それを研究する国語学は,日常生活とは乖離して存在してきた。しかし20世紀末になると,国語学の研究は実生活に関わるものでなければならないという考えが広まってきた。その結果国語は,分析すべき対象として国語学者の専有物でしかなかったもの

---

　* この論文は,内容的には筆者が語文生活史に関して関心を持って書いてきた以下に挙げる一連の論文と重複する部分がある。

「国語学研究と情報化」,『韓国語と情報化』,太學社,2002.5.31, p.15-53.
「李白詩諺解の国語学的価値」,『国語史研究』4, 国語史学会,2004.6.30, p.27-45.
「国語とハングル」,『嶺南国語教育』9, 2005.12.30, p.167-199.
「ハングル書芸(書道)書体の名称」,『書芸と文化』1, 2006.2.10, p.11-54.
「ハングル古文書の研究の現況と課題」,『嶺南学』10, 2006.12.30, p.185-262.
「文化と国語」,『新国語生活』17-2, 2007.6.30, p.105-119.
「ハングルの歴史と完板本ハングル古小説の文献的価値」,『国語文学』43, 2007.8.30, p.5-27.

なお,この論文の初稿の修正にあたって,白斗鉉(백두현)教授の最近の業績を参考にした。白斗鉉教授に感謝の意を表する。

から，より豊かな暮らしを追求するための方法として一般人の関心領域の中にも位置付けられるようになった。こうした背景のもとで，韓国語文生活史に対する関心が高まってきたのである。

　人は，言語を通じて意思の疎通を行い，それによって情報を交換し文化を発展させてきた。これが言語の機能である。しかし言語がその機能を発揮するためには，言語使用のプロセスを無視することはできない。言語使用は言語行為や言語活動を伴うが，その言語行為や言語活動の様相を言語生活と言う。そして日常的に行われる言語生活を特定の言語と文字に限定して言及するとき，我々はこれを語文生活と言う。

　すなわち，言語研究を言語生活だけではなく，人間生活全般と関連付けて研究しようとする言語研究分野が語文生活史なのである。

(1) 語文生活史の概念と研究目標

　国語の歴史が国語史であり，国語研究の歴史が国語学史である。だとすれば語文生活史は語文生活の歴史である。今まで国語史は主に国語の内部構造のみを研究してきたため，語文生活の歴史は国語史の研究者たちの関心の外にあった。人と国語の関係にほとんど目が向けられなかったのである。韓国語文生活史は，韓国において人々が語文生活をどのように営んできたのかを科学的に研究する学問である。すなわち人々の語文生活の歴史である。語文は言語と文字，すなわち話す言葉（말：以下「言葉」という）と書く文字（글：以下「文字」という）であり，人間がこの言葉と文字をどのように用いてきたかを歴史的に研究する分野が語文生活史なのである。

　国語史研究においては単純に国語の内部のみが関心の対象であったため，国語の外部に深く関わっている韓国語文生活史は研究の対象になることができなかった。また，応用言語学が重視されなかったため，社会言語学においてさえも語文生活史は取り上げられることがなかった。実用主義が唱えられ，韓国語文生活史研究の必要性が強調されたが，国語研究の一つの分野として確立する

ことができなかった。それは，韓国語文生活史の概念さえも明確に提示できず，研究領域と研究方法の設定もできなかったためである。

これまで語文生活史にはいくつかの異なる解釈があった。

第一に，「語文生活史」を「語文生活の歴史」として，「語文の歴史」と対立する概念として解釈するものである。「語文の歴史」は人間の生活とはかかわりなく「語文自体の歴史」を記述，説明するのに対し，「語文生活の歴史」は人が語文生活をどのように営んできたかを科学的に記述，説明するものである。

第二に，「語文生活史」を「語文を通じて見た（人間の）生活史」として解釈するものである。「語文を通じて」については，それを「語文生活を通じて」と解釈する考え方や「語文資料を通じて」と解釈する考え方もある。

第三に，「語文生活史」を「人々の実生活に利用された語文資料を通じて見た国語史」として解釈するものである。すなわち，「（人間の）生活史資料を通じて見た国語史」である。

「人間の語文生活の歴史」と「語文を通じて見た人間の生活史」と「人間の生活史資料を通じて見た国語史」は，その観点の差異によって，それぞれ「韓国語文生活史」の概念と研究目標と研究方法を異にせざるを得ない。

まず，「韓国人の語文生活の歴史」は韓国人が語文生活をどのように営んできたかを研究するものである。研究対象は「韓国語文」であり，研究方法は韓国史の研究方法を援用することになる。したがって，その研究領域は「語文」と「歴史」に限定されると言うことができる。言語活動はすべての学問領域に関わっているため語文生活の歴史は幅広くすべての学問に関係するが，言語活動が主に関与する分野は国語史と国文学史と韓国史なので，この三つの分野の融合した分野が韓国語文生活史だと言うことができる。趙東一（조동일，チョドンイル，2003）では，語文生活史を次のように規定している。

> 国語の内的な歴史と外的な歴史をともに扱う国語史と，言葉と文字の全般的な使い道を明らかにしながら考察する国文学史の二つが重なる領域が韓国語文生活史であり，この研究分野はさらに進んで言語，文学，歴史を

ともに扱う, より広い領域として規定することも可能である。

狭義には国語史と国文学史の領域が重なる学問として, 広義には韓国史まで融合された領域として語文生活史を規定したのである。[1)]
　これに反して「語文を通じて見た韓国人の生活史」は「韓国人の生活史」に帰属するため, 研究領域は「語文」と「韓国史」と「韓国文化史」全般にわたることになる。その概念の幅は非常に広い印象を与えるが, 実際には限定される。「韓国史」と「韓国文化史」は広い概念であっても, 「語文を通じて」という制約があるためである。なお, 「語文生活を通じて見た韓国人の生活史」とする観点では, 「語文生活」が示す範囲はあまりに漠然としてしまう。それに対して, 「語文を通じて見た韓国人の生活史」では, 「古文書 (諺簡, 時調, 歌辞, 古小説[訳注①]など) を通じて見た韓国人の生活史」, 「芸術 (科学, 法, 制度など) を通じて見た韓国人の生活史」など多くの下位範疇を設定することができるのである。
　一方, 「人間の生活史資料を通じて見た国語史」とする観点は, 国語史の一つの領域に留まるものである。版本文献や刊記や筆写記が明確な資料のみを対象としてきたこれまでの国語史研究の限界を克服するための方案の一つとして登場したものである。諺簡や古文書の研究の一部がこのような流れを反映している。これは「国語史」と「生活史」が融合した学問であると自称しているが, 「人間」は形式的に導入されたに過ぎず, 実際には言語構造や体系の研究から大きく抜け出すものではない。国語研究が一般の言語生活と乖離していたことから, 研究資料の拡充を通じてその視野を広げることのみを目的として語文生活史研究がなされるのならば, 韓国語文生活史は国語史の領域に留まらざ

[1)] 語文生活史の狭義の概念は, すでに 1996 年に韓国精神文化研究院の韓国学大学院に「韓国語文生活史」という講義が開設されたことで予見されていた。この講義が趙東一 (古典文学), 洪允杓 (国語学), 宋基中 (송기중, 国語学), 金載弘 (김재홍, 現代文学) 教授の合同講義で構成されたのはこのような概念設定によるものであった。

るを得ない。いわゆる面白い素材や驚くような素材を探して研究し，それが語文生活史だと言うのならば，韓国語文生活史は学問の地位を得られないであろう。

　これまで述べてきた理由によって，筆者は「韓国語文生活史」を第一の概念，すなわち「韓国人の語文生活の歴史」と規定する。しかし，韓国語文生活史研究の究極の目標は，第二の概念である「語文生活を通じた韓国人の生活史の究明」にあると考える。（ただし，「語文生活を通じた韓国人の生活史の究明」を行うのが目的であって，「語文資料を通じた韓国人の生活史の究明」を行うのではない。目的は同一であっても，研究の方法とその過程が異なれば得られる結論は全く違うことがあるのである。）

　前述した通り，語文生活史は，人々が言葉と文字をどのように運用してきたかを歴史的に研究する学問なのである。それならば，その研究目標はどこにおかなければならないのか。

　語文生活史を記述するときに，何らかの文化史的な事実（漢字の受用と中国との関係，出版技術の発達，鉛活字の導入，洋紙の輸入など）を取り上げる場合を考えてみよう。例えば，中国からの漢字の受用が語文生活にもたらした変化についてであれば，韓国と中国の関係に焦点を置くのではなく，漢字の受用による語文生活の変化が国語体系に及ぼした影響を把握し，それが国語史にどのような構造的関係を持つのかについて研究することによって，その語文生活が我々の先祖の生活にどのような変化をもたらしたのかを記述，説明することになる。それが語文生活史の研究である。韓中関係史が語文生活史ではない。

　言葉と文字を通じて表出された様々な生活史，すなわち我々の祖先が言語記号という道具を利用して語文生活にどのような秩序を与えたのかを研究し，人間の精神作用の変遷史を説明するのである。そのためある面において語文生活史は国語史や生活史と大きく関連しているが，国語史や生活史そのものではない。

　語文生活史を「人間の語文生活の歴史」と規定するにしても，語文生活史を語る視点として次の二つの方式が考えられる。一つは語文を通じて生活史を見

渡す方式であり，もう一つは生活史を通じて語文を見渡す方式である。この二つの方式のうち，前者に従うのならば韓国語文生活史は前述の三分野，すなわち国語史，国文学史，韓国史から独立して扱わなければならない分野になるであろうし，後者の方式でアプローチするのならば，趙東一（2003）で提示した新しい統合学問として確立しなければならないであろう。

　韓国語文生活史研究の初期段階である現在は，前者の方式で始めて後者を指向する方向に進まなければならないであろう。そうして各分野において語文生活の研究を進めつつ，最終的に統合学問として韓国語文生活史が独立して成立することを展望しながら研究の方向を設定して進めていかなければならないのである。

　語文生活史研究の現状はこうした概念の混乱の過程を経験しているように見える。国語学界では語文を通じて表れる生活の様相を明らかにすることが語文生活史研究であるという認識もされている。また，国語学界の語文生活史についての関心は，諺簡と古文書など生活と関連した国語学研究資料に向けられている。諺簡についての研究としては，白斗鉉（백두현，2003・2006），韓国学中央研究院編（2005）などがあるが，これらの研究は，厳密に言えば生活史資料についての国語学的研究に過ぎない。諺簡に現れた言語現象を研究するということは，資料として諺簡を選択したというだけで，その方式は今までの国語学研究と違うところはないのである。一方，白斗鉉（1997・1998）の一連の業績はこの限界を超えて諺簡に現れた生活史を記述しており，語文資料に現れた韓国人の生活の様相を究明しようとするものであった。さらに，白斗鉉（1997・2001・2004）ではその対象を女性に限定したが，彼らの語文生活の歴史を究明しようとしたものであり，今後語文生活史が目指す方向を提示してくれている。

　国文学界にも同じ動きがある。『国文学と文化』（2001）が代表的な例と言えよう。韓国古文書学会が編纂した『朝鮮時代生活史』（1996），『朝鮮時代生活史（2）』（2000）からは，古文書に表れた語文生活を通じて生活史を明らかにする方向に進んでいることを見ることができる。허재영（2008）では主に語文

生活それ自体についての研究に限定して研究対象と方法を議論しており，韓国語文生活史の初期研究の方向性を示していると言える。

これに比べて이장희(2008)では，語文生活史を非常に幅広い概念として認識し，その研究目標を「韓国人の生活史」を明らかにすることに重点を置いているように見える。しかし，語文生活史の研究目標は生活史の一部である「語文生活」を明らかにすることだと考えられる。生活史と語文生活史との境界をはっきりさせないまま，이장희(2008)の定義による「語文生活史」の研究を続けるのであれば，その結果は「生活史」ばかりか「語文生活史」さえも失うことになるのではないかと危惧される。

統合学問としての語文生活史の研究は，『文献と解釈』において具体的に見ることができる。この季刊誌では，若い学者たちを中心に各種文献や文書，芸術作品などを通じて我々の先祖の暮らしと足跡をたどっている。各研究者たちが各分野の専攻者の立場を堅持しながら，同時に国語学，国文学，国史学，文献書誌学など韓国学の各分野の学問的融合を試みており，こうした方向の研究の帰趨が注目されている。これをいわゆる「軽い論文」として無視する傾向もあるが，このような新しい試みを新たな視点に立って見通すことのできる広い学問的視野が必要なのである。この方法は，様々な分野を通じて韓国人の生活史を明らかにすることによって，語文だけに依拠して生活史を明らかにしようという無謀さを克服しているのである。

北朝鮮においても，語文生活を重視した『朝鮮人民の文字生活史』(김인호, 2005)のような業績が登場している。この本は古代から現代に至るまで文字を運用してきた歴史を詳細に記述しており，特に，書写資料や出版文化などに詳しく言及していることから，語文生活史を単純な国語史の立場からだけで扱ってはいないことを示している。[2]

---

[2] このほか，『言語生活論』(리정용, 2005)では現実の生活において効率的な言語生活をするために守るべき事項を記述している。語文生活史とは関係がないが，語文を実生活と結びつけているという点で一度検討してみる価値があると思われる。

筆者は，統合韓国学としての「韓国語文生活史」の確立を主張する。なぜならば，第一に，「語文」を国語学，国文学，歴史学の研究の道具としてのみ認識するのではなく，「文化」と「歴史」を構成するものとして認識しなければならないからである。第二に，人々がその暮らしを営むために語文をどのように運用してきたのかを検討することは，語文をより一層正確に把握する道であるからである。第三に，語文のみから得られる人文学的成果は極めて視野の限られたものにならざるを得ないのである。そして第四に，今日の21世紀のデジタル時代における語文使用の特徴は以前の時代とは非常に異なっているためである。例えば，人と人との間の意思疎通の構造にコンピュータが介在するというような特異な変化が起こっているのである。

　国語史が韓国の歴史の一つであるように，韓国語文生活史は韓国の生活史の一つである。しかし国語史が韓国の歴史と有機的な関係を持ちながらも独立して研究されるように，韓国語文生活史も韓国の生活史と関連してはいるが，独立して研究される必要がある。このような関係にあることから，語文生活史は二つの側面を持っている。一つは単純な語文運用史であり，もう一つは語文生活を通じて生活史を明らかにすることである。国語史が国語自体の歴史であるだけでなく，それを通じて韓国の歴史を明らかにするのと同じである。

　二つの分野が互いに有機的関係を持ちながらも独立しているということは，二つの分野が相互的な関係にあるという意味である。すなわち，国語史を通じて韓国史をよりよく理解することができ，また韓国史の理解が国語史の理解を容易にするのと同じように，語文生活史を通じて韓国人の生活史をよりよく知ることができるであろうし，生活史を理解することで語文生活史の理解を容易にするであろう。

　しかし語文生活史の研究は始まったばかりの段階にあり，生活史を通じて語文を見通す構造的な視点は，今はまだ我々の願望でしかないのである。本稿においては生活史を通じて見た語文生活という視点に重点を置いて記述したいと思う。そのような記述からこそ語文生活史研究が始められると考えるからである。

(2) 語文生活史研究の意義

　語文生活史研究は，以下のような意義を持っている。
　第一に，語文生活史研究を通じて，言語研究の視野を広げることができる。
　言語行為それ自体は，人々がそれによって互いに協同し作用し合って生活を追究していこうとする行為であり，当然ながら言語の構造を知るための行為ではない。言語構造や言語機能についての研究は，構造や機能の解明それ自体が目的であるわけではなく，人間の生活を営むために運用する言語がどのようなものであるかを明らかにするためのものである。言語研究の視野を人文学が本来目指すべき人間の生活に関連した分野に広げていかなければならない。言語学や国語学が，人間の生活と切り離されたまま研究されていることへの反省が必要である。この現実を抜け出してこそ国語研究の使命を全うすることができる。その垣根を越える重要な第一歩が，語文生活史研究なのである。
　第二に，語文生活史研究を通じて，問題意識の転換を促すことができる。
　言語それ自体が何であるかについての関心も重要であるが，言語が我々人間の生活においてどのような存在であるかについての問題として認識を変えなければならないであろう。
　第三に，語文生活史研究を通じて，国語研究が未来を予見することができるようになる。
　国語研究，特に国語史研究は，国語の歴史的事実を明らかにするだけでなく，未来の社会において言語生活が直面するであろう課題を発掘し，それに対処できるように姿勢の転換が必要である。
　第四に，語文生活史研究を通じて，言語を文化として認識することができる。
　言語変化は言語の内的な要因によって生じるというこれまでの視点を転換し，外的な要因によってより多くの変化が引き起こされており，そうした言語変化が我々の生活それ自体を変えているという事実に目を向けなければならないのである。

(3) 語文生活の構成要素

　語文生活史研究の最も大きな問題の一つは，何をどのように記述しなければならないかということである。これは語文生活を構成する要素によって決まると言えよう。

① 人：語文生活史において最も重要な要素は，言葉と文字を使用する主体である人である。人によって語文を運用する方式が異なり，性別，階層，職業，文化水準などが異なれば，語文使用の様式が異なることがある。

② 言葉と文字：意思疎通のツールである言葉と文字が語文生活の最も重要な要素であることは，多言を要しない。例えば，韓国語だけを使用する場合と英語を混ぜて使う場合の語文生活には差異があり，文字も漢字を使用する場合とハングルを使用する場合，これらを混用する場合の語文生活には違いがあるのである。

③ 道具：語文生活を運用する各種の道具も，語文生活の重要な構成要素である。言葉と文字をどのような方式で使用するかによって，語文生活は違ってくる。例えば，対面して口頭で意思を伝達する方式と対面せずに文字に書いて伝達する方式，機械的な道具を利用する方式では大きな違いがある。日常的な話し言葉で伝達する時と，紙に書いて伝達する時，また電子メールで伝達する時では語文生活の違いは大きい。さらに，文字を使用するにしても，それをどこに書くかによって語文生活が違ってくることがある。紙に書くとき，石に刻むとき，コンピュータの文書作成機能を利用して書いて保管する時では，語文の運用方式と内容に違いが見られる。

④ 言語環境：言語や文字を使用する環境は語文生活の重要な構成要素である。これを言語環境と言う。例えば，言語の外的な要素，すなわち政治的状況や国際関係およびその当時の社会環境および文化的背景によって，語文生活の運用に違いをもたらすことになるであろう。

⑤ 表出形式（方式）：言語を表出する方式が語文生活の構成要素として非常に重要である。言葉で話す時と文書に書く時，出版物として刊行するとき

では，語文使用方式に違いが生じる。一般の出版物と諺簡，古文書では，語文に違いが見られるが，文書の形式によっても語文の使われ方が異なっていたことがわかる。

⑥ 表現様式と方法：意思伝達において利用される表現様式と方法も重要な構成要素の一つである。例えば，小説，詩，随筆を書くときの語文利用方式は異なっており，語彙や文体，文法をどのように用いるかによっても違いがもたらされる。

2. 韓国語文生活史の研究領域

韓国語文生活史において何を記述すべきかを決定するのは，それほど簡単なことではない。既存の業績においても，語文生活史として記述すべきテーマについて深く検討した例はほとんどない。語文生活史の研究領域が確立されていないためである。そのため，韓国語文生活史に関心を持つ学者たちの論文は，いまだに模索を続けているように見える。

「韓国人の文字生活史」(朴昌遠（박창원），1998)，「ハングルから見た朝鮮時代の人々の文字生活」(白斗鉉，1997)，「朝鮮時代の女性の文字生活の研究」(白斗鉉，2004)のように語文生活史の領域を特定して記述しようとする試みもあるが，大部分は「国語生活史資料としての諺簡の特徴」(백낙천，2007)，「国語生活史の観点から見た文学作品の価値」(장윤희，2005)などのように，断片的な事項について関心を見せているのみである。白斗鉉（2007），趙東一（2003），허재영（2008），이장희（2008）のように，何とか韓国語文生活史を成立させようとする試みはあったが，語文生活史の研究領域への関心は，それほど大きくないのが実情である。このような中で，장윤희（2005）は国語生活史の下位領域を国語使用史，国語教育史，国語政策史，国語思想史などに区分して各々の領域で扱うべき内容を提示しているが，これらは国語史と教育史と思想史で扱うべきであり，語文生活史で扱うべき領域として認識するのは難しい。一方，白斗鉉（2007）は下位領域として音声言語生活史と文字

言語生活史に区分し，文字生活史の範疇については使用文字，使用目的，使用者の役割などに分けて記述している。このような大きい括りで区分した研究領域の設定については，今後さらに議論がなされる必要がある。

　韓国語文生活史の研究領域については国語史研究からヒントをもらうことができる。国語史の記述と説明は，文字史，表記史，音韻史，文法史，語彙史などに区分され，これをさらに時代区分によって記述している。韓国語文生活史も，この点に着目すべきであろう。まず韓国語文生活史で扱うべき研究領域を設定することが急を要しており，その領域ごとの時代区分に応じて語文生活を記述し，語文生活史としての歴史的な記述・説明の方法について輪郭を捉えなければならない。

　この問題については，以前，筆者の提案によって企画された「デジタルハングル博物館」の課題遂行の過程で真剣に議論されたことがある。様々なハングル生活史のための提案があったが，当時は韓国語文生活史についての国語学者などの認識が希薄で，古文献をたくさん展示しておけばハングル博物館になるかのような誤った認識によって壁に突き当たってしまった。結局は失敗して，国語史の記述を含めたいくつかの分野に限って独立して記述するだけになってしまった。それでも「ハングルと生活文化」，「造形芸術館」，「未来館（機械化・情報化）」，「教育文芸館」などが独立できたことは幸いであった。ハングル博物館に何を展示するべきかという問題はすなわちハングル語文生活史の研究領域を決めることと同じであると言えよう。

　それでは，韓国語文生活史の研究領域は何であろうか？これは語文生活史の構成要素と密接な関連がある。国語史の研究領域が国語の構成要素によって音声学，音韻論，形態論，統語論，意味論，語彙論などのように領域を設定しているように，語文生活の構成要素（人，言葉と文字，道具，言語環境，表出形式，表現様式と方法）によって研究領域を設定しなければならないのである。

　語文生活は，「人」によって多くの違いがあることは広く認識されている。士大夫や一般庶民，賤民など異なる階層の人々の言語使用の様相は，使用する言語や文字，用いる道具や言語環境，表出の形式や方法などに大きな違いがあ

る。性別，職業，出身地域などの違いも人々の語文生活に影響している。様々な分野の人々の語文生活史を記述するとともに，彼らの言語・文字観や語文生活史についての認識と関係も同時に検討しなければならない。

「言葉と文字」をどのように用いてきたかを記述することは，語文生活史において欠かすことはできない。しかし，これまでの国語史研究のように吏読（이두）訳注②や口訣（구결）文字訳注③，借字表記法訳注④などに現れる言葉と文字の運用の規則や法則のみを研究するのではなく，言葉と文字の利用方式，すなわちそれをどのように用いて意思疎通に利用してきたのかを追究しなければならない。実際に，言葉と文字を使ってどのように意思を伝えたのか，その言葉と文章を聴き，読む人たちの言語生活はどうだったのかにも関心を払う必要がある。

「道具」について論じた語文生活史は今までほとんど例がない。ただ김인호（キムイノ）(2005)において詳しく言及されているのみである。

「言語環境」については，語文生活に影響を及ぼす環境と，それによって語文生活がどのように変化してきたのかを検討しなければならない。その際に重要なのは，単なる文字や語彙への影響の段階から抜け出して，語文生活がどのように変化したのかに関心を持たなければならないのである。

「表出形式」は語文生活において直接生み出されるものについての研究である。出版をする場合，筆写をする場合，文書，手紙，日記，紀行文などを書く場合に，それがどのような空間的，時間的な機能を持っているのか，また語文生活の中で占める比重についても研究しなければならないであろう。

詩，小説，諺簡では語文の利用方式に違いがある。これらに現れた「表現様式」の違いは文体の違いに基づくということだけでなく，そのような文体が言語生活史の中から生じてきたということを明らかにすることが重要である。同様に，電話を通じた対話方式と電報に書かれる言語形式は，言語の面からだけではなく，言語生活の観点から記述されなければならないであろう。

これらの領域についてある程度記述されるようになって初めて，韓国語文生活史の全般的な記述が可能になるであろう。このような研究を通じて得られた

結論を土台として語文生活史の時代区分が可能となり（もちろん何らかの時代区分を予め設定しても構わないが，国語史の時代区分のように特定の分野の歴史によって国語史全体の時代区分が決められる誤りを避けなければならない），その時代区分による詳細な研究が成し遂げられるとき，ようやく韓国語文生活史の記述が可能になるであろう。

3. 意思疎通の構造の変化と語文生活の変化

　人々は意思の疎通を，主に言葉と文字によって行い，その効率性と能率を高めようと努めてきた。言葉や文字の時間的・空間的制約を超えるとともに，多くの人々に効果的に伝達するための努力を続けてきたのである。言葉の空間的制約を解消するために拡声器や電話機などが，文字の空間的制約を解消するためにファクシミリが考案された。言葉の時間的制約を抜け出すために録音機が開発され，言葉と文字を符号化して伝達する電報（モールス符号）も登場した。また，言葉を多くの人々に伝達するために新聞や雑誌が発行されるようになった。さらに，聴覚的符号である言葉と視覚的符号である文字を同時に伝達するテレビが登場した。そして，これまでの一方向のみの意思疎通の構造を一挙に変えたのが，コンピュータによるインターネットである。

　わが国の意思疎通の方式もこのような変化の過程を経てきた。19世紀末までは，主に言葉と文字だけを用いて意思疎通がなされてきたが，19世紀末になって電話機と電報が導入され，新聞が刊行され始めた。そして20世紀中盤以降コンピュータが導入され，特に20世紀末にはインターネットが一般化して，意思疎通の構造に一大変革が起こった。こうした変化の時期をまとめると次ページの表の通りである。

媒　　体	世　　界	韓　　国
録音機（磁気テープ）	1930年	1940年代
電　話　機	1876年	1898年
ファクシミリ	1842年（1970年一般化）	1980年
電　信（電報）	1844年	1885年
新　　聞	1609年（週刊） 1702年（日刊）	1883年（漢城旬報） 1896年（独立新聞）
雑　　誌	1665年	1896年（大朝鮮日本留学生親睦会刊行「親睦会会報」）
コンピュータ	1946年	1967年
インターネット	1969年	1994年

　1880年以降，意思疎通のために機械が導入され始め，韓国語文生活史に重大な変化をもたらすことになった。機械の導入は意思疎通の構造を，個人に向けて個別に情報を伝達する方式から多くの人々に同時に伝達する方式に変化させた。語文生活に一大変化が起こり，誰もが簡単に早く情報を得られるようになったのである。

　新聞の発行は，鉛活字と洋紙の導入によって可能となった。木版本と金属活字本に比べて時間と費用の面で経済的な印刷術が登場し，韓国の語文生活は大量の情報を伝え，受け取る体系に変化することになった。すなわち，マスコミュニケーション時代が到来したのである。

　鉛筆や万年筆の導入も，語文生活に大きな影響を与えた歴史的事件である。ともに明確な年代はわからないが，19世紀末にわが国に導入されたことが知られている。この19世紀から20世紀への移行期は，韓国語文生活史において重要な時代を画する時期の一つになるのである。

　1967年にコンピュータが導入され，特にパソコンが一般化してからは，語文生活には，「話す」，「聞く」，「読む」，「書く」に，「タイプする」という要素が追加されることになった。書くということは，筆や鉛筆やペンで行うのではなく，タイプする時代へと変化した。

コンピュータは，これまでの個人と個人，個人と大衆の意思疎通の方式とは異なる方式を導入し，意思疎通の方式に革命をもたらした。20世紀末までの文化は，言語を通じた人々の協働によって人類の発展を追求してきた。人と人は，言語を通じて意思の交換を行ってきたのである。しかしこのような意思の交換は，それが文字を通じたものであれ，言葉を通じたものであれ，その情報の量は限定されていた。しかし20世紀末以降は，人と人が言語を通じて互いに意思を交換するだけではなく，大量の情報をコンピュータに保存しておき，必要に応じて利用するようになった。人間がコンピュータと情報交換をする時代，情報化時代が到来したのである。

　韓国語文生活史において重要な時期は，19世紀末と20世紀末だと言うことができる。韓国語文生活史研究においてはこの時期に関心を集中させる必要があるのである。

　このような意思疎通の構造の変化は語文生活に以下のような変化をもたらすこととなった。

① 語文生活が，単純なものからより複雑なものへと変化した。
② 受け取り，伝達する情報の量が著しく増え，情報を保存する道具に依存する傾向が強まることになった。
③ 語文生活のスタイルが全ての面で規格化，標準化が進むことになった。
④ 意思伝達の方向が双方向化し，話し手と聞き手あるいは伝達者と受信者が随時にその立場を交換できるようになった。
⑤ 言葉と文字のみで意思の疎通をしていた従来の方式から，言葉・文字・画像を用いた複合的な方式に変化することになった。
⑥ 意思の疎通において，従来の概念的意味だけでなく情緒的意味までも伝達することが求められるようになり，そのための書体の開発の努力が行われ，文字のデザインが重要な価値を持つようになった。

4. 国語の運用環境

　言語の運用環境とは，人々の語文生活に影響を与える条件や環境のことを言う。語文生活は言語環境の影響を受けるのである。言語環境は，外的な環境と内的な環境の二つに区分することができる。

　言語の外的環境とは，語文生活に影響を与えるすべての外部環境であり，言語の内的環境とは，言語行為を行う際の言語的な条件のことを言う。言語の外的環境によって言語の内的環境が影響を受けることもある。例えば，中国との文化的関係は言語の外的環境である。この外的環境によって漢字や漢字語を受用するようになったが，それによって生じた語文生活の変化は，内的な環境によるものであると言うことができる。

(1) 国語の外的環境

　わが国は古代から韓国語のみを使用してきた。今まで一度も，韓国語以外の言葉だけを使って意思の疎通をしたことはない。外国の侵略によって韓国語の使用が制約されることがあっても，韓国語を捨てたことは一度もない。朝鮮半島内では我々の先祖たちは二重言語生活をしたことはないのである。日本統治時代に韓国語と日本語を同時に使わざるを得ない時もあったが，解放とともにその必要はなくなった。中国との関係で古代から漢字を借用してきたが，決して中国語を日常語として使用したことはない。

　海外同胞の場合には，二重言語生活となる場合がある。中国の同胞（いわゆる「朝鮮族」）は，漢語と朝鮮語の二重言語生活によって朝鮮語に相当な変化がもたらされている。主に咸鏡道方言（吉林省地域），平安道方言（遼寧省地域），慶尚道方言（黒龍江省地域）を使う人々が移住し，その言語を維持してきたが，中国語との交わりや二重言語生活によって今日ではそれぞれ吉林省方言，遼寧省方言そして黒龍江省方言などとして，出身地域と同じ方言圏の言語と見ることができないほど変貌している。同様に，日本や中央アジアの同胞も

同じような影響を受けており，海外同胞の韓国語は，別個の海外韓国語として，あるいは新しい方言として定着しているのである。

　言語の外的環境によって生じた語文生活の最も大きな変化は，漢字の受用であった。漢字の受用によってそれまで我々の語文生活には存在していなかった書写語が発生し，この書写語によって，口頭語にまで変化を引き起こすことになった。

　このような外的環境の変化が国語に及ぼす影響の大きさを考えると，国内の語文生活についてだけではなく，海外同胞の語文生活にも関心を持つ必要があるのである。

(2) 国語の内的環境

　文字生活は，口頭語生活とは多くの違いがある。わが国は，中国の漢字を借りて韓国語を表記してきた。その結果，訓民正音が創制されるまでは，音声言語を使って文化の創造と伝達を行なってきたが，視覚的に伝達する場合には，漢字を利用するしかなかった。

　中国との長い間の関係と東洋における特殊な文化関係によって我々はいまだに中国の文字である漢字を使用しており，また近代に入ってからの日本との関係で日本の文字であるかな文字を30年余りの間使用することになった。さらに現代ではアメリカをはじめとする西洋との関係で英語とアルファベットを使用することになった。その結果，我々はハングルに漢字，そして漢字の省画字である口訣文字，アルファベット，日本のかな文字など多様な文字を使用してきた。これまで，わが国の歴史において刊行された文献に使用された文字は，わが国の文字としてはハングル，口訣文字，韓国製の漢字など，外国の文字としては，漢字，女真文字，蒙古文字，日本の文字，サンスクリット文字，そして西洋の文字であるアルファベットなどである。このうち19世紀末まで最も多く使用されていた文字はハングルと漢字であったが，20世紀中盤以降にはアルファベットが社会的に重要な機能を果たすようになり，文字生活の重要な

部分を占めるようになった。

　しかし，わが国の文字は我々の文化を創造し文化を伝達するツールであるのに対し，外国の文字はあくまでもそれを外部に伝達するためのツールであるにすぎない。このような理由で，現在まで書く時には外国の文字を借りても話す時は韓国語をずっと維持してきた。そのため文字の影響は日常言語にまでは及んでいないと考えられがちだが，実際には我々の語文生活に非常に大きな影響を与えているのである。

5.　漢字の受用と書写語としての口訣文の誕生

　韓国の語文生活は，口頭語と書写語，そして口語と文語の観点から見ても，多様な変化を経験してきた。口語は音声で発現される日常的な会話で使う言葉であり，文語は文でのみ使われ，日常の会話では使われない言葉である。口語は，言語生活の最も基本的な形態であり，話者と聴者の存在を前提とする（独白を除く）。これに比べて文語は，読者を前提とするが，その条件は絶対ではない。

　元々音声言語と文字言語の観点から区分された口語と文語は，今では2つの意味に使われている。文字で書かれた文章を声に出して読めばそれが口語になるのではなく，また日常的な会話をその通りに文字で表してもそれが文語になるのではない。文字で書かれた文章もその形式によって口語と文語に区分でき，音声で発せられた言葉も口語と文語があり得る。このように口語は音声で表された言葉を文字の形態で表現することもあり，また文語は文字で書かれた文を話し言葉の形態で表現することもある。それが口で話されようが文字で書かれようが，文章や文の形式の違いについて言うときには口語形式と文語形式という方が良いであろう。本稿では，口で話される言語は口頭語，文字で表現されるものは書写語と呼び，話すように書く（または話す）言語形式と文を書くように書く（話す）形式をそれぞれ口語形式（または口語体），文語形式（または文語体）と言うことにする。

漢字がわが国に受用される以前は，書写語がなかったため，口頭語のみを使用していたと思われる。漢字が受用された後においても，それが文章の形で受け入れられたのでなかったならば，韓国語にとっての書写語にはなり得なかったと考えられる。

漢字と漢文が入ってきて，韓国の語文生活には非常に大きな変化が起こることになった。漢文を理解してこれを読むための方式として口訣が登場したのである。[3] 知識人や士大夫の上層部の人たちが，漢文を韓国式に読むために苦労して考案したものである。口訣とは，漢文を読む際に解読を容易にするために韓国語の文法形態（助詞や語尾）を漢文句の間に挟み込むことを言う。初期には，漢字の釈や音は利用せず，木や象牙などの尖った先を利用して紙に点や線などの符号で跡を付けて口訣を表示していた。この符号口訣はおおよそ高麗時代中期（11〜13世紀）に使用されていた方法である（例：誠庵古書博物館所蔵の『瑜伽師地論』巻8など）。その後，漢字の釈と音を利用した借字口訣が考案された。この借字口訣は，韓国語の語順に従って漢文の漢字を音も訓も使って読む釈読口訣と，漢文の語順通りに漢字を音でのみ読む音読口訣に分けられる。釈読口訣は高麗時代中期の12世紀〜13世紀に使われ，音読口訣は高麗時代後期の14世紀に始まり朝鮮時代末期まで使用された。この音読口訣は訓民正音創制以降にはハングルでも表記されるようになり朝鮮時代末期まで使われた。口訣の導入によって，書写語にはいくつかの形態が登場することになった。

① 漢文の原文のみの書写語：目で読んだり，文を書くのに用いた。
② 音読口訣の付いた書写語：漢文を読むために用いられ，朗唱も行われた。
③ 釈読口訣の付いた書写語：漢文を韓国語に翻訳して読む方法である。

漢文原文は「読む」「書く」に使われたのに対し，口訣文は主に漢文を「読

---

[3] ここでは，誓記体や吏読式，あるいは郷札式の文章についての議論は省略する。

む」ために使用された。そのため漢文を読むための一定の規則が定められ（漢字音を含めて），それが士大夫や知識人たちにとっての一つの規範となっていたのである（口訣文が規範化され標準化されていく過程を明らかにすることは簡単なことではない）。

　口訣文（特に音読口訣文）は，読むためだけに用いられたのではなく，話すのにも使われていたと推測される。知識人たちが話をするとき漢文の古典を引用する際，音読口訣を付けた漢文で話していた。このような音読口訣文で話すことを「難解な語句を使う（문자 쓴다）」「高尚な語句を使う（문자 속 기특하다）」と表現したりした。

　音読口訣文では，意味の伝達はできても，韓国語を表現することはできなかった。一方，釈読口訣は韓国語を表現するために考案されたものであったが，正確に表記するには限界があった。釈読口訣の不十分さを解消する最終的な方法が訓民正音の創制なのであった。

6.　訓民正音創制とその歴史的意義

　15世紀には，順読口訣（音読口訣）を付けて漢文を読む，いわゆる「文字」を使った話し方が，一部識者層においては一般化していた。しかし，世宗は早くから，このような話し方は「正しい音」で話していないと考えていた。「漢文句」によって話す方式から抜け出し，韓国語（나랏말쏨）を正しい音で話すことができるようにしなければならないと考えた。文字に書いて初めて正しい音で話すことができるようになることから，その正しい音を表記する文字を「正音」と名付けたのである。

　訓民正音はこのように語文生活の延長上でその創制の必要性が生じてきたのである。訓民正音は，文字として創制されたが，実際には正しい音で話すための道具として創制されたものであると言える。文字がなければ，それを正しい音で読む（話す）ことができないためである。

　その根拠を示しているのは，訓民正音の世宗御製序文である。「わが国の語

音（言葉）が中国と異なり，文字とは互いに通じないので（나랏 말쏘미 中國에 달아 文字와로 서르 ᄉᆞᄆᆞᆺ디 아니ᄒᆞᆯ ᄊᆡ）」の中の「文字」についてこれまでは「漢字」と解釈していたが，そうなると言葉と文字を混同した結果になるであろう。この「文字」を「以前から伝えられてきた漢字による熟語や成句，あるいは文章」という意味として解釈し，「わが国の言葉は中国と違うので，韓国語は漢文句を使って話すのとは互いに通じない。（このような理由で，漢文を知らない愚かな民は話したいことがあっても漢文を知らないのでうまく話すことができない）」というように理解しようということである。

訓民正音の創制は，それ以前の口訣の文章の不便な点を解消しようとする努力の最終段階としてなされたことであり，とりわけ，話す言語と書く言語の二重性と，書く言語における様々な困難を克服するための持続的な努力の結実であることに，歴史的な意義があるのである。

7. 書写語の統一過程

韓国の口頭語（話す言語）と書写語（文字で書く言語）は，同じ言語の音声を文字で表記したものなので，違いがないように思われるが，実際には大きな違いがある。口頭語は話者の属する地域や階層の言葉を使用するため，地域，階層あるいは性別によって違いがある。しかし書写語はどの地方の出身の人であってもほとんど違いがなく，同じかまたは似通っている。誰が書いてもほとんどの人が理解できるのである。

このような語文生活は現代においても同様である。一部の文学作品に方言が使われるようになったのは，最近のことである。済州方言を使用する済州島の人が文を書くときには，済州方言を文字にそのまま書き写すのではなく，主に標準語で文を書くのである。

このことは，韓国語文生活の最も大きな特徴であると言える。すなわち口頭語は統一されていないが，書写語は統一されているのである。口頭語は意思の疎通に障害が生じることがあるが，書写語ではあまりない。

このように口頭語には違いがあっても書写語がほぼ統一されたのはいつからで，それが可能であった理由は何であろうか。筆者は，そのきっかけは訓民正音の創制にあると考える。

ハングルで文章を書くことが可能となって，やっと韓国語をそのまま表記する書写語が登場したのである。もし，当時の口語をありのまま表記することにのみ使われていたならば，我々の語文生活は全く違う道を行っていたであろう。しかしハングル文は，主に漢文あるいは音読口訣文を読むための手段として使われたため，書く文章の形式に影響を及ぼした。その結果，ハングルで書かれる文章は二種類に分かれることになった。

一つはその当時の口語を表記した文章である。個人の表記方式によって口語をハングルで記したものである。諺簡類が概ねこれに属し，諺解文に見られる文章の形式とは異なっている。この諺簡体は書写語の一つの類型として確立していったが，現代にまで継承されることはなく，19世紀に新しい文体へと変化することになった（資料1参照）。

(資料1) 諺簡体の例
 ᄆᆞᄅᆞᆫ 예 인ᄂᆞᆫ ᄆᆞᄅᆞᆯ 모릭 줄 거시니 모릭 가라 ᄒᆞ니. 나죄 가 필죵이 드려 모릭 갈 양으로 일 오라 ᄒᆞ소. 어듸 가 바들고. 숙소님 집 근쳬 가 바들가 은지니ᄅᆞᆯ 브리디 아닐디라도 자바다가 교슈ᄒᆞ고 공이나 메워 보낼 거시로쇠. 나도 너일 나죄나 모릭 가리커니와 그리 아라셔 ᄎᆞ리소. 댱명이 밥 머여 보내소. 뎡싱워니 옷도 아니 받고 편지도 아니ᄒᆞ더라ᄒᆞ니 블샹희.

もう一つは，規格化され標準化された文章，すなわち諺解文である。これは漢文を翻訳する過程で発生したもので，自ずと口訣の影響を受けることになった。15世紀の文献の大部分はこの分類に属し，19世紀末までこの諺解文は書く文章の典型として続くことになった（資料2参照）。

(資料2) 諺解文の例

　子ㅣ 글ᄋᆞ샤디 学ᄒᆞ고 時로 習ᄒᆞ면 ᄯᅩᄒᆞᆫ 깃브디 아니ᄒᆞ랴 버디 遠方
ᄋᆞ로 브터 오면 ᄯᅩᄒᆞᆫ 즐겁디 아니ᄒᆞ랴　　　〈1590, 論語諺解1:1a〉

　네 河西ㅅ 尉를 마로니 처섬 薊北에 師旅ㅣ 니러나더라 직죄 업서 名
位를 늦거사 ᄒᆞ니 省郞 더듸 ᄒᆞ물 敢히 츠기 너겨리아 네 崆峒애 님금
믈 뫼ᅀᆞ와 ᄃᆞ니던 나리여 灩澦예 正히 사는 ᄯᅴ로다 〈1481, 杜詩諺解3:1a〉

(資料3) 『楞嚴經諺解』後書き

　上이 입겨츨 ᄃᆞᄅᆞ샤 慧覺尊者ᄭᅴ 마기와시늘 貞嬪韓氏等이 唱準ᄒᆞ야늘
工曹叅判臣韓繼禧 前尚州牧事臣金守溫은 翻譯ᄒᆞ고 議政府檢詳臣朴楗 護
軍臣尹弼商 世子文學臣盧思愼 吏曹佐郎臣鄭孝常은 相考ᄒᆞ고 永順君臣溥
ᄂᆞᆫ 例一定ᄒᆞ고 司贍寺尹臣曺變安 監察臣趙祉ᄂᆞᆫ 國韻 쓰고 慧覺尊者信眉
入選思智 學悅 學祖ᄂᆞᆫ 翻譯 正히온 後에 御覽ᄒᆞ샤 一定커시늘 典言曹氏
豆大ᄂᆞᆫ 御前에 翻譯 닑ᄉᆞ오니라
〈君主が口訣を付けられ, 慧覺尊者が確認なさり, 貞嬪韓氏などが唱準（声に出
して読みながら校正すること）し, 工曹参判臣韓継禧, 前尚州牧事臣金守温は
翻譯をし, 議政府檢詳臣朴楗, 護軍臣尹弼商, 世子文学臣盧思愼, 吏曹佐郎臣
鄭孝常は相考（互いに比較して考察すること）し, 永順君臣溥は例を一定に
し, 司贍寺尹臣曺變安, 監察臣趙祉は國韻（東國正韻の漢字音）を書き, 慧覺
尊者信眉, 入選思智, 學悦, 學祖は翻譯を正しく治した後御覽になり一定にな
さり, 典言曹氏豆大は御前で翻譯を読むのである。〉〈楞嚴經諺解御製跋4a～4b〉

　このような諺解文に規格化されていった理由は漢文の諺解の過程に見出すこ
とができる。資料3（『楞嚴經諺解』の後書き）は, 漢文の翻訳がどのように
なされるのかを詳細に示している。ここで述べられているのは『楞嚴經諺解』
の諺解に関するものであるが, 一般に諺解の過程はこれと同様であったと思わ
れる。それを整理すると次ページの表の通りである。

順序	諺解過程
1	口訣を付ける
2	その口訣を確認する
3	漢文と口訣を声に出して読みながら校正をする
4	ハングルに翻訳する
5	その翻訳を色々な人が互いに比較し、考察する
6	例を一定になるようにする
7	漢字音を付ける
8	翻訳を校正する
9	翻訳を一定になるようにする
10	翻訳を声に出して読みながら確認をする

　この諺解の過程からは諺解の規則を知ることはできないが、諺解文がなぜ格式が正しいものとされたのかを知ることができる。また、互いに関係なく行った二つの諺解文がほとんど同一となっている例があることからも、諺解の過程に一定の基準と原則があったことが推定できる。

　口語をそのまま文字に置き換えた文と、格式の正しい諺解文とは、それぞれ口語と文語を反映した文として独特な特徴を持つことになった。次に示す2つの文のうち、(1) は韓国精神文化研究所が調査した説話を語り手が話したままにハングルで転写したもの、(2) は口述された説話を整理し直したものだが、二つを比較すると口語体と文語体がどのように違うかを容易に知ることができる。

(1) 예전에, 양반은 한문을 해서 과거를 댕기고, 가만 사랑에 들앉아가 있고. 안에서는 아무 것도 없어가, 밥을 못 해 묵으이. 하루 시끼 삼구 채 아이가. 삼구채 죽도록 근근이 몬 해무이 (먹으니). 그걸서나 이 전에사 방앗간에 방아 찧 주고, 사래기를 그 얻어가 그래 하는데. 그래도 동무는, 친구는 또 오네. 에, 없는 놈 하, 답답아 몬 살아가, "이래가 못

살겠다." 그래서, 저 양반 천지를 아나. 나락 뜨서이 아나. 비가 암만 오이, 머를 들롤 줄 아나. 만날, 사랑아 글만 들다보고 있지. 그 이래가, "안 될따. 어디 가소. 가서 똑 십년 고상만 하고 오소. 똑 십년만 고상 하고 오소. 난도 아 델꼬 십년 고상할 꺼이."

〈韓国口承文学大系 7 慶尚北道月城郡編〉

(2) 옛날 서라벌 한산 기슭에 도미라고 부르는 마음씨 착한 농부가 자색이 출중한 안해와 같이 오붓한 살림을 하고 있었다. 도미는 어진 백성이었으나 의리에 밝고 착실하고 부지런했으며 그의 안해는 얼굴이 예쁘고 행실이 단정하여 서울에까지 소문이 자자했다. 그러다보니 발없는 말이 천리를 간다고 도미 안해가 천하절색인데다가 장조가 굳으며 부덕이 높다는 소문이 임금의 귀에까지 들어갔다. 온 나라 안의 미인이란 미인은 죄다 끌어들이다싶이 한 개루왕은 도미 안해의 자색 같은 것에는 별로 구미기 당기지 않았지만 정조가 굳다는 데는 은근히 호기심이 생겼다. "모를 소리야, 세상에 권세와 돈으로 꾀이면 넘어가지 않을 계집이 있을까? 더구나 임금이 청을 해도 거절할 여자가 있을꼬?" 이렇게 생각한 임금은 도미를 당장 불러 오라고 분부하였다.

〈ドミとその妻〉

　口語体と文語体では記述された文の内容が異なる。口語体で記述された文は大部分日常生活と関連しており，個人的な関係やその感情を表現したものが多い（日記，手紙，紀行文，随筆など）。一方，文語体で記述された文は大部分が公的な文，例えば学術，社会，教育，科学，技術などに関する内容である。
　口語体の文章は自由で素朴な表現が多いのに対して，文語体の文章は多くの人が読むために，整然としていて洗練されたものとなっている。
　口語体の文章では文章の構成要素が様々に現れるが，文語体の文章ではそうはならない。文語体の文章は，一般に韓国語の文法に則った一定の文法構造で成り立っているが，口語体の文章はこれまで知られていた文法では説明できな

い多様な文法構造を持つことになる。諺簡の解読が一般の文語体の文章の解読よりずっと難解に感じられるのはこのためである。

　口語体の文章では一つ二つの単語を並べただけの文や単文が多いのに比べ，文語体の文章では重文や複文が多い傾向がある。

　口語体の文章では固有語を使うことが多いが，文語体の文章では漢字語を使うことが多い。これは文語体の文章が漢文翻訳の影響を受けているためである。

　口語体の文章には日常生活で広く使われる言葉が多く，民俗的，土俗的な語彙が多く使われる一方，文語体の文章には格式の高い語彙が多い。

　口語体の文には漢文句が少ないが，文語体には多く含まれている。

　口語体の文章にはいわゆる転移語の使用がほとんどないが，文語体の文章には「뻐 (～を以て)，시러곰 (～を得る)」など文の構造を示す語を頻繁に使用する。これは漢文の影響によるものである。一方口語体の文章には言葉を続けるための不必要な語彙が多く使われる。例えば「그런데 (それで)，이제 (今や，もう)，정말 (本当に)，말이야 (～なんだ)」などである。

　口語体の文では助詞と語尾の省略が頻繁に起こるのに対し，文語体ではその省略が少ない。口訣の影響を受けたためこのような現象が起こるのである。

　口語体の文章には様々な形態の助詞と語尾が見られるが，文語体の文章では使われる助詞や語尾の形態はだいたい固定されている。これも口訣との関連によるものである。

　口語体では音韻同化や縮約された表記が多いが，文語体ではあまり見られず，形態論的に語幹と体言をはっきりと見せるような表記を用いる。

　口語体の文章と文語体の文章のこうした特性のため，今日の語文生活においても話す時と書く時の言語が画然と区別されることになったのである。

8. 漢字語体の登場

　訓民正音創制以降も，ハングルを使用しない人たちは漢文原文だけで書写語を表記してきた。書写語には，この漢文原文に加え，漢文原文に口訣を付けた

口訣文，ハングルを使って諺解した諺解文，そして口語をそのまま表した口語体の文の4つの類型があった。一方，口頭語では漢文原文を除いたすべての形式が使われてきた。しかし書写語においても口頭語においても，主流をなしてきたのは文語体的な諺解文であった。

　19世紀に入ると，これとは違う新しい類型の文が登場するようになった。これを筆者は漢字語体と呼んでいる。これは音読口訣文を韓国語の語順に変える過程で発生したと考えられるが，音読口訣文でも諺解文でもない新しい類型の文章である。資料4はこの類型の文章の例である。

　このような漢字語体は音読口訣文の漢字を残して語順だけ国語式に変えたものであり，音読口訣文や漢文原文が消えていく最後の段階に現れたものである。

　19世紀に漢字語体が登場すると，知識人たちが好んで使う文章形式となっていった。19世紀末から20世紀初めにかけての教科書はすべてこの類型の文章を使用していた。特に，当時の手紙はほとんどこの漢字語体で書かれるようになった（資料5参照）。それまで手紙は漢文原文，ハングルのみ，漢文原文にハングルの口訣を付けたもの，そして漢字語体の文が共存していたのが，漢字語体とハングル専用の2つの類型だけが残ることになったのである。

　このような文章形式の変遷は，韓国の語文生活史における大きな流れの一つを示すものと言えよう。

(資料4) 漢字語体の文章の例

　우리 大朝鮮國은 亞細亞洲 中의 一 王國이라 其 形은 西北으로셔 東南에 出흔 半島國이니 氣候가 西北은 寒氣 甚ᄒ나 東南은 溫和ᄒ며 土地ᄂᆞᆫ 肥沃ᄒ고 物産이 饒足ᄒ니라 世界 萬國 中에 獨立國이 許多ᄒ니 우리 大朝鮮國도 其中의 一國이라 檀箕衛와 三韓과 羅麗濟와 高麗를 지난 古國이오 太祖大王이 開國ᄒ신 後 五百有餘 年에 王統이 連續ᄒ 나라이라 吾等은 如此ᄒ 나라에 生ᄒ야 今日에 와셔 世界 萬國과 修好通商ᄒ야 富強을 닷토ᄂᆞᆫ 쎡에 當ᄒ얏시니 우리 王國에 사ᄂᆞᆫ 臣民의 最急務ᄂᆞᆫ 다만 學業을 힘쓰기에 잇ᄂᆞ니라　　〈1895年, 國民小學讀本, 01a〉

本朝 世宗大王은 聖神文武ᄒᆞ신 巍德이 萬古의 聖君이시라 甞 有疾ᄒᆞ시니 侍臣等이 憂慮ᄒᆞ야 巫女로 ᄒᆞ야곰 成均館 近處에셔 祈禱케 ᄒᆞ다 當時 成均館 儒生에 抗直ᄒᆞᆫ 士가 만흔지라 巫女輩의 祈禱흠을 보고 欺君罔上ᄒᆞᄂᆞᆫ 奸臣輩의 所使ㅣ라 ᄒᆞ야 이에 巫女를 驅逐ᄒᆞ얏더니 侍臣等이 憤怒ᄒᆞ야 此意를 奏上ᄒᆞᆫ되 王이 力疾ᄒᆞ시고 起御ᄒᆞ샤 굴ᄋᆞ샤ᄃᆡ 土氣가 如此ᄒᆞ니 朕病이 卽愈ㅣ로다 巫女ᄂᆞᆫ 閭閻下賤의 徒로 愚夫愚婦를 欺弄ᄒᆞ야 祈禱를 行ᄒᆞ니 風俗을 頹케 흠이 莫甚ᄒᆞ지라 今也에 儒生等이 此等弊風을 一掃흠이니 實로 嘉尚ᄒᆞ다 ᄒᆞ신되 侍臣等이 王의 英明ᄒᆞ심을 敬服ᄒᆞ야 恐懼히 退ᄒᆞ니라　　　〈1909 年, 國語讀本, 1〉
　吾等은 玆에 我 朝鮮의 獨立國임과 朝鮮人의 自主民임을 宣言하노라
〈己未獨立宣言文〉

(資料 5) 漢字語体で書かれた手紙
　離家後多日에 信息이 稍阻하야 馳戀이 殊深이라 卽問邇來에 客況이 安吉인지 爲念不甚＋少이라 吾난 昨樣을 依遣하고 渾眷이 均好하니 爲幸이라　　　　　　　　　　　　　　　　〈最新尺牘, 1〉

9.　外来語と外国語に対する認識

　国語の文章で使用される語彙には，固有語と外来語と外国語がある。外来語はほとんどが漢字語であり，外国語は国語の語彙に含まれない語のことであるが，漢字語については，国語化していないものも外来語と認識されてきた。
　このような認識は訓民正音創制当時にすでにあり，創制直後に刊行された文献においては，表記法や書体を変えることで固有語と外来語（漢字語）と外国語を区別していた。その例として，よく知られた訓民正音の世宗御製序文を見てみよう（訓民正音諺解本，カッコ内に意味を記した）。

①셰종엉졩훈민졍흠　　　　　（世宗御製訓民正音）
②나랏 말쏘미　　　　　　　（国の言葉が）
③듕귁　　　　　　　　　　（中国）
④에 달아　　　　　　　　　（と異なり）
⑤문쫑　　　　　　　　　　（文字）
⑥와로 서르 ᄉᆞᄆᆞᆺ디 아니ᄒᆞᆯᄊᆡ　（とは互いに通じないので）

　②と④と⑥は固有語の表記方式で，①と③と⑤は外来語（漢字語）の表記方式で表記されている。漢字語の表記は，各漢字に定められた標準的な朝鮮漢字音（東國正韻式漢字音）を固有語と同一の字母を使ったハングルで表したものである。そのため，音だけで意味を表すことのできる固有語と異なり，例えば①は「世宗御製訓民正音」という漢字があって初めて意味を持つことができる。同じように，③と⑤も「中国」と「文字」という漢字がなければ意味を持つことができないのである。

　これに対して中国音の表記は全く異なる。まず，母音表記から異なる。例えば「訓導」という漢字は「쓘돟」と，また「教閲」は「쟈워」と書かれるが，これは正確な中国音表記のために作られた文字であった。中国音表記は今日のハングル表記において音節文字 11,172 文字の中に含まれないものが多い。

　外国語の表記であっても，梵語表記はまたこれとは異なる。「檀陀鳩舍隷」は「딴떠걀셔리」と表記される。次ページの図は『月印釈譜』における梵語の表記の例であるが，梵語である陀羅尼経を表す部分は他の文に見られる書体とは異なることがわかる。外国語を書体までも変えて表記しようとしていたのである。

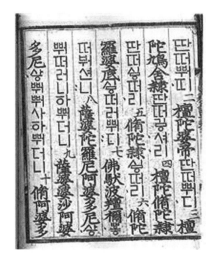

図1　『月印釋譜』序文部分　　　図2　「陀羅尼經」部分
　　　　　　　　　　　　　　　　　（『月印釋譜』巻19）

10.　書写材料と語文生活

(1)　書写材料

　文字は，様々な素材を媒体として記録されてきた。ハングルも漢字と同様に紙，石，木，陶磁器，瓦，金属などに書かれ，伝えられてきた。紙に書かれた文字（ハングル）は，版本あるいは筆写本として古文書の形式で残っている。石には，岩に刻んだ岩刻文と碑石に刻んだ碑文の2つがある。木を使ったものとしては，本を刊行するための版木や木活字などがあり，扁額で伝わるものもある。金属では，銅錢と金属活字がある。現存するハングル資料を書写材料によって分類すると，次ページの表の通りである。

材料	形態	名称	例（最初のもの）	年度	所在地
紙	印刷（版本）	文献	訓民正音 解例本	1446年	澗松美術館
			龍飛御天歌	1447年	啓明大 等
			東國正韻	1448年	建國大図書館 等
			月印千江之曲，釋譜詳節，月印釋譜 等	1447年 1459年 等	大韓教科書株式会社，国立中央図書館 等
		文書	「書贈養子與詩妻崔氏」と推定	1609年	宋英耉（1556-1620）の家
	筆写（筆写本）	文献	五臺山上院寺重創勸善文	1464年	上院寺
		文書	安樂國太子傳變相圖	1576年	日本 青山文庫
			宣祖國文教書	1593年	慶南 金海市 ホンドン
石	碑	碑文	ハングル霊碑	1531年	ソウル市蘆原区下渓洞 12 番地
	岩	岩刻文	（初出不明）天安市豊歳面に「나무아미타불（南無阿彌陀佛）」の岩刻文がある	年代未詳	天安市豊歳面 宝物 407号「三台磨崖佛」100m 横
金属	貨幣用	銅銭	효뎨례의（孝悌禮義）	世宗時代	
	活字用	金属活字	釋譜詳節 ハングル活字で知られる	1447年	国立中央博物館 等
木	本の出版用	板木	海南孤山遺稿木版	1791年	
	扁額用	扁額	弘化閣記	1437年	濟州島 漢字扁額
その他	陶磁器		初出不明。多く残っている		
	素焼の土器		初出不明。多く残っている		
	瓦		初出不明。多く残っている		

　この表からは，単に日常生活だけではなく，芸術活動などの様々な生活領域に語文生活は関わっており，ハングルが使われていることがわかる。

(2) 話し言葉を記録する道具

　文字ではない話し言葉はどのような形態で残っているであろうか。そして，話す声を聴くことができる時代はどこまでさかのぼることができるのであろうか。おそらくそれは，録音機や蓄音機が登場し，それが韓国に伝来した20世紀初めであろう。

　韓国語が録音された最初の資料は1907年3月以前とされる国楽奏者の韓寅五と妓生の崔紅梅による録音である。この音盤はアメリカのコロンビア・レコードが日本で録音し，韓国で販売したことが知られているが，現在では記録が伝わるだけである。[4] 韓国語の音声を録音した現存する最古の資料が何であるかは不明である。

　1930年代には「才談集，漫談，ナンセンス，スケッチ，寸劇，喜劇，悲劇，爆笑劇」などの蓄音機の音盤が多数出された。声の主は，男性では申不出，김성운(キムソンウン)，金龍煥，王平など，女性では申銀鳳，金蓮實，羅品心，朴丹馬(박단마, パクタンマ)，卜恵淑(복혜숙, ポクヘスク)，申一仙などが知られている。また，1937年に沈宜麟(심의린, シムウイリン)が音声学者の延禧専門学校の鄭寅燮と「朝鮮語読本」を録音した資料もある（高陽文化財団がCD化して公開している）。この音声からは当時のソウルの土着の言葉が鮮明に伝わってくる。これとは別に1900年代初めの各種の歌謡資料およびパンソリ[訳注5]などで韓国語を聴くことができるが，従来これらの資料は国語資料ではなく音楽資料や芸能界の資料などとして考えられてきた。

　語文生活史研究が本格化すればこれらの資料を通じて語文生活を把握できるだけでなく，当時の国語の把握にも役立つであろうが，まだこれについての資料調査は始まっていないのが現状である。

---

[4] 裴淵亨(배연형, ペヨニョン，1995),「コロンビア・レコードの韓国音盤研究 (1)」,『韓国音盤学』5（韓国古音盤研究会），p.39 参照。

11. 文字に対する庶民の認識

　語文生活史において文字の機能は極めて重要である。これまで主に使われてきた漢字とハングルについての人々の認識はどのように変わってきたのだろうか。従来この分野についての全般的な検討が行われておらず，正確にその流れを明らかにするのは難しい。特に，士大夫の文字に対する認識は多くの文献に見ることができるが，庶民の文字に対する認識を示す資料は探すのが難しい。以下の資料は庶民が諺文と漢字についての所感を述べた文章である。

　資料6は「生家忌日」というタイトルを持つ文章で，1851年か1911年のものと考えられる。内容は，家門籍を詳しく知らずに育った人が，世系を記した古いメモを発見してこれを書き写すというものである。この記録からは，漢字，漢文を習えなかったことを悲しみ，嘆いているのを見ることができる。

　（資料6）「生家忌日」

図3　「生家忌日」封筒
　　（14.3×5.8 cm）

図4　「生家忌日」全文
　　（12.6×49.0 cm）

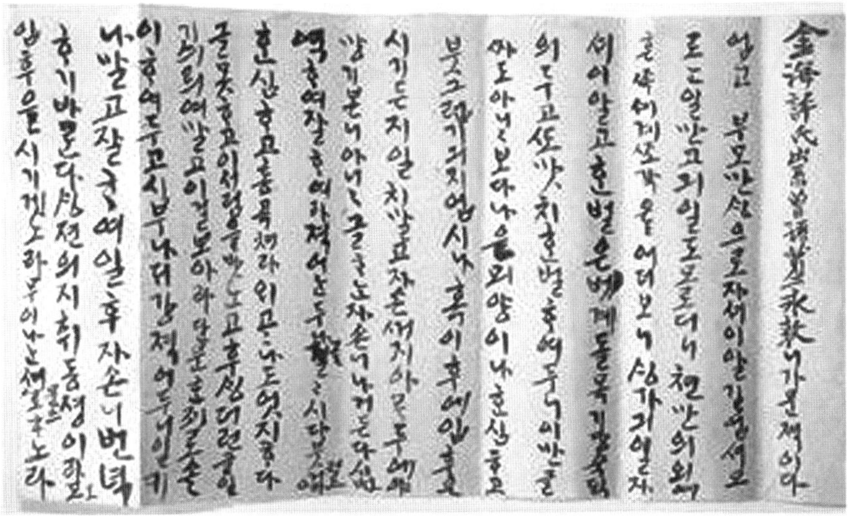

図5　ハングル部分の拡大

〈「生家忌日」內容〉

辛亥年 十二月日記

金海 許氏 出系 曾孫 第二 永敦니 가문젹이 다 업고 부모 만싱으로 자셔이 알 길 업셔 모로는 일 만코 긔일도 모로더니 쳔만 의외예 흔 쪽 셰계 쪼각을 어더 보니 싱가 긔일 자셔이 알고 흔 벌은 볏계 돌목 기 당숙듸의 두고 또 맛치 흔 벌 ᄒᆞ여 두니 이만 글ᄯᅩ도 아니니 보다 나은 뫼양이나 흔심ᄒᆞ고 붓그럽기 긔지업시나 혹 이후에 입후을 시 기든지 일치 말고 자손ᄭᅥ지 아ᄅᆞ 두에야 먕기본니 아니니 글ᄒᆞ는 자 손니 나거든 다시 번역ᄒᆞ여 잘ᄒᆞ여라 젹어는 두니 글시 다 붓그러로 흔심ᄒᆞ고 통곡쳐라 이고 이고 나도 엇지ᄒᆞ다 글 못ᄒᆞ고 이 셔럼을

> 밧는고 후싱더런 글 일기 쉬리여 말고 이걸 보아라 단문흔 죄로 소소
> 이 흐여 두고 시부나 뒤당 젹어 두니 일키나 말고 잘흐여 일후 자손니
> 번녁흐기 바른다 싱젼의 지취 동셩이라도 닙후을 시기겟노라 무이
> 나는 셔문으로 흐노라

　一方，ハングルを身につけることの重要性を認識していたことを示す資料もある。次に紹介するのは「閨中簡牘・閨中開札」というタイトルの付いたある家門の諺簡帖（筆写本）の諺文序である（資料7）。

　この資料は，全羅南道光州郡で発見されたものだが，諺簡を集めて本にまとめた理由について，以下のように述べている。

① 諺文は，人が言語を発表する文字である。
② 諺文は，文意を解読するのが容易である。
③ そのため，巷のすべての人が習得する。
④ 特に教育のある家庭の子息は，必ず知らなければならない。
⑤ 閨中の勉強のためには，諺文を学ばなければならない。
⑥ 諺文を読み，書くことだけが勉強ではない。
⑦ やり取りする手紙の言葉から，その真意を読み取り，あるいはそれを伝えることができてこそ諺文がわかったということなのである。
⑧ いかに文章名筆と言われる人も，これを知らなければ愚かである。
⑨ わが家に伝わる手紙を子供たちにまとめさせ本としたのは，この考えが次の世代に伝わることを願ってのことである。

(資料7)「閨中簡牘・閨中開札」諺文序

図6 〈諺文序 その1〉

図7 〈諺文序 その2〉

〈諺文序 内容〉

언문 序
언문이라 ᄒᆞᄂᆞᆫ 것은 ᄉᆞ람의 언어랄 발포ᄒᆞᄂᆞᆫ 문ᄍᆞ라 남녀 물논하고 부득불 익히고 아라 잇슬지나 ᄯᅩ한 문의가 히득ᄒᆞ기 심히 용의ᄒᆞ니 그런고로 녀항의 초동목슈라도 진서 습득ᄒᆞ나니 가정의 교육 잇난 집 ᄌᆞ식이야 이랄 모로고 엇지 인유의 동렬을 붓그럽지 안ᄒᆞ리요 뒤져 규중의 공부난 이랄 몬져 힘쓸지니 년한 중 일고 쓰난 것만 공부라 홀 거시 아니라 제일에 저구 진아에 닉왕ᄒᆞ난 셔출의 조박이며 언어 ᄉᆞ의랄 발켜 쓸 쥴을 통달ᄒᆞᆫ 년후의라야 가히 언문을 아랏다 이라난 지라 아모리 문장 명필이란 말을 듯난 ᄉᆞ람이라도 여기에 긔를 일러 노ᄒᆞ면 암미흠을 면치 못ᄒᆞᆯ 거시오니 ᄎᆞ홉다 닉의 ᄌᆞ녀난 면ᄌᆞ면ᄌᆞ

> ᄒᆞ나 경향의 지식 법가의셔 츌닉ᄒᆞᆫ 셔츌을 슈귀신ᄒᆞ야 너의로 일 권
> 요람을 셩편ᄒᆞ여 가닉의 유젼케 ᄒᆞ노니 너의는 노부의 졍신을 경봉
> ᄒᆞ여 오측 업시 등셔ᄒᆞ여라
> 계츅 원월 념일 로부 만셔ᄒᆞ노라
>
> 우리 아버지 션명ᄒᆞ신 필역 닉 평싱 볼가 ᄒᆞ고 등셔ᄒᆞ여시ᄂᆞ 도로혀
> 볼 딕마다 비챵지화 일층 쳠가ᄒᆞ외다
>   朝鮮 全羅南道 光州郡 光州面 錦溪里

12. ハングル専用の出現

　語文生活においてハングル専用はいつから，どのような契機で始まったのであろうか。

　諺簡がハングル専用の道を開いたとされることがある。確かに，訓民正音の創制に近い時期に書かれた諺簡は大部分がハングル専用で書かれている。しかしそれは漢字を知らない階層のみが書いたのではなく，例えば婦女子のように，漢字を知っていてもハングルで書かなければならない階層があったと考えられるのである。したがって諺簡が現在につながるハングル専用をもたらしたとは言えないのである。

　諺簡は諺文で書かれた簡札（手紙）という意味だが，すべてがハングルだけで書かれたわけではない。ハングル文献の場合と同様に，国漢混用の諺簡とハングル専用の諺簡の2つがあった。ただし大部分の諺簡はハングル専用である。

　ハングル専用と言っても，必ずしも固有語が多く使われたことを意味してはいない。諺簡の中で最もよく見られるのは安否を尋ねる手紙であるが，その例を見てみよう。ハングルのみで書かれているが，この手紙の語句は漢文調なのである。

> 아부님젼 상사리
> 문
> 안 아뢰압고 츈한이 연ᄒᆡ와 긔톄후 일향만강ᄒᆞ압시닛가 아뢰올 말삼
> ᄒᆞ감젓사와 이만 아뢰오며 이후 닉닉 긔톄후 안령ᄒᆞ압시기 복츅ᄒᆞ옵니다
> 무진 졍월 십이일
> ᄌᆞ부 상사리

　諺簡と同様に筆写によって書かれている古小説の中には略体口訣（例えばヽ、ッ、ㅁなど）を付けたものも見られるが、諺簡では漢字とハングルだけが使われ、吏読や口訣は全く使用されていない。もちろん特異な形式の手紙、例えば王に宛てた上疏文などの公文書には吏読が使われることもあるが、一般のハングルの手紙では全く使用されない。諺簡にも漢文句が多く使われているが、大概は句程度であり、文章として使用されないためである。このように漢字とハングルのみを使って吏読や口訣を使わないのは古文献のうち詩歌類も同様であり、この２つが意味の伝達よりも情緒や感情の伝達により重点が置かれているためであると解釈される。

　ハングルの古小説を検討するにあたっては、それが出版されるようになる前の段階を想定する必要がある。ハングルの古小説は他の分野の文献とは異なり、主に朗唱のためのものであったと考えられる。古小説が朗唱されていたということはそのタイトルから示される。古小説ではタイトルに「-이라（〜である、〜なり）」を付けたものが見られるが、これは、朗唱体にのみ使われる文体であり、古小説が目で読むだけではなく、朗唱されていたことを示すものである。朗唱体では口訣を重視する一方、原文の漢字やその他の文字（梵字など）は除かれるのが一般的である。例えば、筆写本の仏経には漢字や梵字をすべて除いて、ハングルの音訳だけが書かれたものが非常に多いが（『天地八陽神呪經』など）、それは暗唱や独唱に使われたためである。

ハングルの古小説は，初めはこのように朗唱をしながら筆写をしたものであったと推定される。これまで意識して探すことをしてこなかったが，間違いなく版本以前の筆写本（原本）が存在していたと考えられる。この原本を中心に，それを上手に語って人気を博していた語り手すなわち講談師と，古小説を読むことを生業としていた講読師の活動があり，その筆写本を貸す貰册店（貸本屋）もあったに違いない。そしてこれが漫談家やパンソリの歌い手たちに直結するのである。

　古小説の文体の特徴は，本の終わりに付記される小説外の文章の文体と対照的である。付記される文章は主に「-옵(オプ)（〜しますように，〜いたします），-람(ラム)（〜と言うのか）」などで終わるが，この文体は手紙の文体と同じである。この部分は朗唱する部分ではなく，目で読むようにと表示しているのである。古小説を読む人に宛てた一種の手紙と言えよう。

　古小説は，朗唱したりパンソリで歌いながら転写したため，目で読まなければならない漢字などは排除して，ハングルのみで書いたのである。こうしたハングルの使用は，まさに訓民正音の創制の動機と目的に合致するものであり，我々の語文生活史において非常に価値ある歴史的転回を用意したのである。

　国漢文混用ではないハングル専用の文献は，17世紀から現れ始める。例えば『東國新續三綱行實圖』(1617)である。しかしそのハングルの部分は漢文の部分と別途に編集したものにすぎず，ハングル専用とは言い難い。同じように，『闡義昭鑑諺解』(1756)，『明義錄諺解』(1777)，『五倫行實圖』(1797)，『種德新編諺解』(1758)，『太上感應篇圖說諺解』(1852)，『金氏世孝圖』(1865)や各種の綸音[訳注⑥]も，やはり漢文本が別にあるので，漢文と無関係だとは言えない。

　これに対し，坊刻本[訳注⑦]の古小説は漢文の翻訳本ではなくハングルのみで書かれた最初の文献と言うことができる。ハングルの古小説は我々の語文生活史においてハングル専用の始まりという重要な意味を持っているのである。

13. ハングルの書体の変化

　ハングルは，固有語，外来語，外国語の３つを，表記の方式だけでなく書体も異にして区別して表そうとした。これは，訓民正音の創制者の文字に対する高い見識を示すものと言えよう。

　このように訓民正音の創制者はハングルの書体に対しても深い関心を持っていた。この書体に対する関心を訓民正音解例の鄭麟趾（정인지^{チョンインジ}）の後序では「象形而字倣古篆」と表し，「篆書体」として表出したのである。訓民正音の創制当時のハングルの書体は以下のような特徴を持っている。

① 訓民正音は「一，｜，／，＼，○，・」の６つの線と点と円でできている。
② 各線の結合は，同一の長さでできている。そのためㄱの横の線と縦の線の長さは同一である。
③ しかし，横に画を加えるときは元の線の長さの分だけ，縦に画を加えるときは横の線の半分に長さを調整する。それでㄷは縦の線が横の線に比べて半分くらいに短くなっているのである。
④ 子音字母を組み合わせるとき，それが合用並書^{訳注⑧}であれ各自並書^{訳注⑨}であれ，左右に組み合わせる場合には横の線の長さを半分に短くし，また上下に組み合わせるときには下の方の文字の大きさを半分に小さくする。例えば병において○はその大きさが半分に小さくなっているのである。
⑤ 線と点を組み合わせるときには，点が線の中央に位置するようにする。
⑥ 各自並書や合用並書の子音の下に置かれる母音字は常に２つの子音字にまたがるようにする。「쓰」と書かれ，「ㅅㅡ」とは書かれない。

　このような原則は，時代を経るにつれて変化を遂げてきた。文字は線（あるいは画）と点の配列と，文字を構成する一定の構図によって作られており，書体の変化あるいは創造とは，その文字の線と点の配列原則や構図を変更したり

新たに開発することであると言える。しかしハングルは，字母の線と点，それらを組み合わせる構図が非常に単純に作られていることから，それを変化させようとする試みはこれまで多くの困難に直面してきたのである。

　訓民正音が創制されて以降のハングルの書体の変化の過程を一言で表現すると，直線の曲線化と字母の組み合わせの構造の変形と言うことができる。

　『訓民正音』解例本に見られる創制当時のハングルの字形は線の形が極めて単純である。それは，アルファベットや漢字，日本のかな文字などと比較すれば容易に納得できるであろう。このように単純な線を持っているということはハングルの特徴であり，ハングルを習得する人が容易に記憶できるという極めて大きな長所となってきた。しかし，それを芸術性を持つ線に昇華させようとする書芸家たちにとっては大変な悩みの種であった。書芸家たちは線を違う太さにしたり直線を曲線化するなど書体を変化させてきたが，その極致は，宮体，とりわけ草書体であろう。ハングル書芸に関心を持つ人々は，宮体の持つ美しさとともに元来のハングルの線と点に加えられた変化の多様さに魅せられるのであろう。

　ハングルは字母の組み合わせも非常に規則的で，むしろ単純と言える。一つの音節文字は，初・中・終声の字母からなっているが，終声字母は初声に使われる字母を共有している。また，初声と中声は必須であるが終声は任意である。このように，音節を構成する方式が非常に規則的である。

　また，各字母が音節文字の中で占める空間的位置も規則的に配分され，優れた幾何学的機能を発揮する。現代のハングルのすべて11,172文字を構成する空間的配分は，最も簡単な「가」から最も複雑な「쀓」まで，その構造は非常に限定的である。

　このような規則性は母音字母の配置にも見られる。訓民正音創制当時には，子音の下に書く母音字は上の子音全体にわたって書かれていた。特に合用並書の下に書く母音字，すなわち「ㅡ，ㅗ，ㅜ，・」などは前の2つもしくは3つの子音字の下すべてにわたるように書かれた。

　しかし17世紀に入ると，合用並書の下に書く母音字は合用並書の最初の文

字にはかからず，その後行子音字のみにかかるように書かれることが多くなった。17世紀以降の文献では，大部分がこのような字体を使用している。

　以上，直線の曲線化と字母の配列の変化によるハングルの書体変化を例示したが，これはほんの一例に過ぎない。これ以外にも，ハングルの特性を活かした書体の変化は実に様々である。縦書きから横書きへの変更や，正方形の構造からの脱皮に伴う変化などは，その代表的な理由であると言えよう。

　しかし今日，ハングルはその特性によってだけではなく，様々な理由によって書体が変化するようになった。特に情報化時代のデジタル化の進展の下で，ハングルの書体は全く新しい理由によって変化を迫られているのである。

14.　出版と語文生活

　わが国では，各時代，各地域ごとに独特な出版文化が発達していた。出版はその社会の文化の一つの指標になるが，文献に使われる言語と文字が難解なものの場合には情報の伝達という出版の機能を半減させてしまうであろう。したがって，どのような文字で文献を刊行したかという点も出版文化を測定する重要な尺度になりうる。意思疎通の言語を何にするかは文化の発展の速度に関係するのである。

　訓民正音の序文で述べられている訓民正音創制の直接的な目的，すなわちハングルで我々の考えや気持ちを直接記述するようになったのは，創制の時期からずっと後の17世紀になってからのことである。諺簡や詩歌文や古小説がそれである。すなわち，諺解文や翻訳文ではなく，直接韓国の言葉と文字で文献を出版するようになった（漢字も使われていたが）のは17世紀以降のことである。そしてハングルのみで我々の意思を伝達する出版ができるようになったのは19世紀のことである。

　漢字漢文の文献の出版から出発し，漢文および外国語のハングル（漢字を含む）翻訳本を経て，自分たちの文字でその意思を表すことのできる時代に移行し，その中でも国漢混用の時代を経てハングル専用へと変化したのである。こ

のように，我々の出版文化は紆余曲折を経てきた。

　一般の言語生活が国漢混用からハングル専用に移行したのは20世紀中盤以降である。一方，小説がハングルのみでその作品世界を表現し始めたのは，一般人の言語生活よりも約1世紀半も早い19世紀初めであった。完板本^{訳注⑩}のハングル古小説の登場がその端緒を開いたのである。

15. おわりに

　韓国語文生活史は韓国人が話す言葉や書く文字をどのように運用してきたかを歴史的に研究する学問として，国語学，国文学，国史学の統合学問として確立すべきである。

　本稿では，語文生活史の概念を定め，その研究目標を提示した。そして語文生活史における重要な要素を提示した。特に，書写語と口頭語の語文生活が歩んできた道を記述しながら，訓民正音創制期と，19世紀末と20世紀末の2つの交代期が韓国語文生活史の重要な転換期であると位置付け，その時期の語文生活をより精密に研究する必要性を強調した。

　さらに，口語体の口頭語や書写語ではなく，文語体の口頭語と書写語が定着してきた過程を特に音読口訣文との関係から説明しようとした。まず，口頭語と書写語における文章，特に文体がどのような変化を経てきたのかを論じ，また，書写語がなかった時代から漢字が受用されるようになった時期の書写語の形態について，そして訓民正音の創制以降のハングル専用となるまでの過程を記述した。

　本稿では扱えなかった内容がたくさんある。韓国語文生活史は研究領域が多様で複雑である。これまでの国語史研究は刊行時期が明確な諺解文のみを研究の対象としてきたことによって，国語の本当の姿をきちんと把握できていなかったと言わざるを得ない。語文生活史において諺解文は重要な位置を占めているが，それ以外の多くの語文資料，例えば古小説，歌辞，時調，旅行記などを検討して初めて語文生活史を幅広く研究することができるのである。これま

でほとんど資料として認められていなかった古文書などの資料も精密に再検討してみるべきであろう。

訳　注

① **諺簡，時調，歌辞，古小説**　「諺簡」は，ハングル（諺文）で書かれた手紙のこと。「時調」と「歌辞」は，高麗時代末期から朝鮮時代にかけて流行した定型詩。「時調」は短歌とも呼ばれ，人々の心情を詠い，歌詞としても歌われた。一方「歌辞」は，性理学の観念や旅行記など客観的な内容のものが多い。「古小説」は，朝鮮時代の小説のこと。このうち，ハングルで書かれたものは，国文小説と言われ，17世紀以降に現れた。
② **吏読**　漢字で韓国語を表記する方法の一つ。漢字を韓国語の文章の語順に並べ，助詞や語尾などを漢字（またはハングル）で表したもの。
③ **口訣文字**　韓国において漢文を読むために漢文の原文に付された助詞や語尾のこと。本章5節参照。
④ **借字表記法**　漢字を用いて韓国語を表記する方法。吏読，口訣のほか，郷札，地名や人名の固有名詞表記などがある。
⑤ **パンソリ（판소리）**　歌い手が鼓手のリズムに合わせて身振り手振りを交えて抒情的な物語を歌と語りで口演する伝統芸能。
⑥ **綸音**　朝鮮時代，王が国民に下した訓諭の文書。
⑦ **坊刻本**　民間から出版された販売を目的とする本。
⑧ **合用並書**　異なる初声（子音）字母を並べ記すこと。
⑨ **各自並書**　同じ初声字母を並べ記すこと。
⑩ **完板本**　完州（全州）で出版された坊刻本。

参 考 文 献

김인호 (2005)『조선인민의 글자생활사（朝鮮人民の文字生活史）』, 科学百科事典出版社.
김일근［金一根］(1959)『이조어필언간집（李朝御筆諺簡集）』, 新興出版社.
────(1974)『친필언간총람（親筆諺簡総覧）』, 国学資料 3.
────(1986)『언간의 연구（諺簡の研究）』, 建国大学校出版部.
리정용 (2005)『언어생활론（言語生活論）』, 科学百科事典出版社.
박창원［朴昌遠］(1998)「한국인의 문자생활사（韓国人の文字生活史）」,『東洋学』28.
백낙천 (2007)「국어 생활사 자료로서의 언간의 특징（国語生活史資料としての諺簡の特徴）」,『韓国言語文化』34.
백두현［白斗鉉］(1997)「17 세기 한글 편지에 나타난 생활상─科擧・冊・敎育─경북 玄風의 晋州 河氏墓에서 出土된〈郭氏 諺簡〉을 대상으로（17 世紀のハングルの手紙に見る生活相─科挙・本・教育─慶北玄風の晋州河氏の墓から出土した〈郭氏諺簡〉を対象として）」,『文献と解釈』1.
────(1997)「한글을 중심으로 본 조선시대 사람들의 문자생활（ハングルから見た朝鮮時代の人々の文字生活）」,『西江人文論叢』22.
────(1998)「〈현풍 곽씨 언간〉에 나타난 17 세기의 習俗과 儀禮（〈玄風郭氏諺簡〉に見る 17 世紀の習俗と儀礼）」,『文献と解釈』3.
────(1999)「17 세기의〈현풍 곽씨 언간〉에 나타난 민간 신앙（17 世紀の〈玄風郭氏諺簡〉に見る民間信仰）」,『文献と解釈』6.
────(2003)『현풍곽씨 언간 주해（玄風郭氏諺簡注解）』, 太學社.
────(2004)「조선 시대 여성의 문자 생활 연구─조선왕조실록 및 한글 필사본을 중심으로─（朝鮮時代の女性の文字生活の研究─朝鮮王朝実録およびハングル筆写本を中心として─）」,『震檀學報』, 震檀學會.
────(2005)「한글문헌학」강의 노트（「ハングル文献学」講義ノート）.
────(2006)『음식디미방 주해（飲食知味方注解）』, クルヌリム.
윤병태 他 (1994)『한국 고문서 정리법（韓国古文書整理法）』, 韓国精神文化研究院.
이장희 (2008)「어문생활사 연구의 현황과 과제（語文生活史研究の現況と課題）」,『嶺南学』13.
이해준 他 (1991)『생활문화와 옛문서（生活文化と古文書）』, 国立民俗博物館.
이해준・김인걸 (1993)『조선 시기 사회사 연구법（朝鮮時代の社会史研究法）』, 韓国精神文化研究院.
장윤희 (2005)「국어생활사의 관점에서 본 문학작품의 가치（国語生活史の観点から見た文

学作品の価値)」,『国語国文学』141.
조건상(1981)『청주 북일면 순천김씨 출토간찰 (清州北一面, 順天金氏出土簡札)』, 忠北大博物館.
조동일 [趙東一] (2003)「어문생활사로 나아가는 열린 시야 (語文生活史へと向かう開かれた視野)」, 『冠岳語文研究』28.
조항범 (1998)『주해 순천김씨 출토간찰 (註解順天金氏出土簡札)』, 太學社.
최승희 (1981)『한국 고문서 연구 (韓国古文書研究)』, 韓国精神文化研究院.
韓国古文書学会 (1996)『조선시대 생활사 (朝鮮時代の生活史)』, 歴史批評社.
韓国古典文学会 (2001)『국문학과 문화 (国文学と文化)』, ウォリン.
韓国学中央研究院編 (2005)『조선 후기 한글 간찰 (언간) 영인본 1 (朝鮮時代後期のハングル簡札 (諺簡) 影印本 1)』.
―――――――― (2005)『조선 후기 한글 간찰(언간)의 역주 연구 (朝鮮時代後期のハングル簡札 (諺簡) の訳注研究) (1~3)』, 太學社.
허재영 (2008)「어문생활사 연구 대상과 방법 (語文生活史研究対象と方法)」, 『ウリマルグル』42.
홍윤표 [洪允杓] (2002)「국어학 연구와 정보화 (国語学研究と情報化)」, 『韓国語と情報化』, 太學社.
――― (2004)「이백시 언해의 국어학적 가치 (李白詩諺解の国語学的価値)」, 『国語史研究』4, 国語史学会.
――― (2005)「국어와 한글 (国語とハングル)」, 『嶺南国語教育』9.
――― (2006)「한글 고문서의 연구 현황과 과제 (ハングル古文書研究の現況と課題)」, 『嶺南学』10.
――― (2006)「한글 서예 서체의 명칭 (ハングル書芸の書体の名称)」, 『書芸と文化』1.
――― (2007)「문화와 국어 (文化と国語)」, 『新しい国語生活』17-2.
――― (2007)「한글의 역사와 완판본 한글 고소설의 문헌적 가치 (ハングルの歴史と完板本ハングル古小説の文献的価値)」, 『国語文学』43.
황문환 (2004)「조선시대 언간 자료의 연구 현황과 전망 (朝鮮時代の諺簡資料研究の現況と展望)」, 『語文研究』122.

8

反切表の変遷と伝統時代のハングル教育

宋喆儀（송철의 <small>ソンチョリ</small>）

1. 序論

　今日では，反切表がどのようなものか分からない人も多いであろう。しかし，伝統時代（おおよそ16世紀後半から19世紀末まで）にはこの反切表はハングル教育の重要な教材であった。反切表とは，パッチムに使われる子音字と，初声字と中声字が結合した文字を配列した文字の表である。図表1（p.142）に示すのは，最も基本となる反切表である。パッチム字が一番右側の行に示され，続いて「가」行から「하」行までが右から左へと配列されている。伝統時代には縦書きで右から左へ文字を書いていたことによるものである。

　これを使えばハングルの合字法とハングルによる韓国語表記法を容易にかつ簡便に学ぶことができる。反切表をいつ誰が作ったのかは明らかになっていないが，これはハングル創制の後にハングル教育のために開発された素晴らしい教材である。しかし新式（西欧式）教育が導入されて，言語と文字（表記法を含む）についての教育が単語や文章を通して段階的に行われるようになると，反切表は次第にハングル教育から消えていくこととなった。

하	파	타	카	차	자	아	사	바	마	라	다	나	가	ㄱ
햐	퍄	탸	캬	챠	쟈	야	샤	뱌	먀	랴	댜	냐	갸	ㄴ
허	퍼	터	커	처	저	어	서	버	머	러	더	너	거	ㄷ
혀	펴	텨	켜	쳐	져	여	셔	벼	며	려	뎌	녀	겨	ㄹ
호	포	토	코	초	조	오	소	보	모	로	도	노	고	ㅁ
효	표	툐	쿄	쵸	죠	요	쇼	뵤	묘	료	됴	뇨	교	ㅂ
후	푸	투	쿠	추	주	우	수	부	무	루	두	누	구	ㅅ
휴	퓨	튜	큐	츄	쥬	유	슈	뷰	뮤	류	듀	뉴	규	ㅇ
흐	프	트	크	츠	즈	으	스	브	므	르	드	느	그	
히	피	티	키	치	지	이	시	비	미	리	디	니	기	
ᄒᆞ	ᄑᆞ	ᄐᆞ	ᄏᆞ	ᄎᆞ	ᄌᆞ	ᅌᆞ	ᄉᆞ	ᄇᆞ	ᄆᆞ	ᄅᆞ	ᄃᆞ	ᄂᆞ	ᄀᆞ	

図表 1　8 終声 14 行反切表[1]

　一方，反切表そのものも時代とともに少しずつ変化していったが，それは反切表を使って，韓国語表記をより完璧に習得できるように工夫した結果であった。

　本稿は，このような反切表に関連する以下の 3 つの問題を論じようと思う。(1) 反切表によるハングル教育はどのように行われ，誰がそれを担当したのか，(2) 反切表はどのように変化してきたのか，(3) 20 世紀以降に反切表が消えることになったのはなぜか。

---

[1] この表で一番右の列にある「ㄱㄴㄷㄹㅁㅂㅅㅇ」がパッチムに使われていた子音字である。残りの部分は初声字（子音字）14 文字と中声字（母音字）11 文字が結合した文字を順番に配列したものである。この表は上から下へ，右から左へと読む。
　가갸거겨고교구규그기ᄀᆞ / 나냐너녀노뇨누뉴느니ᄂᆞ……

2. 反切表とハングル教育

2.1. 反切表登場の背景

　ハングル創制以降，反切表はハングル教育の教本あるいは教材として長い間使用されてきた。この反切表が登場することになった理由は何であろうか。それはもちろん，安秉禧（안병희，2000）が指摘するように，ハングル字母とその結合方式を簡単に易しく学習できる教材が必要とされたからであろう。その目的に最も適合したのが反切表であったということには異論はないであろう。反切表の本文とパッチム字を覚え，パッチム法を一通り習うだけで，ハングルによる文章を読んだり書いたりするのに大きな困難はなかったと思われる。特に伝統時代には音素的表記をしていたので，その効果は大きかったと思われる。

　しかし，反切表というハングル学習の教材が使われるようになったより根本的な要因は，何よりもハングルによる国語表記がばらし書き方式を採用せず，音節単位の束ね書き方式を採用したためであると言わねばならない。束ね書き方式は，表記法上もばらし書き方式とは異なる独特な対処が求められたが，文字教育においても，反切表のような独特な教材を登場させたのであった。反切表は，ハングル字母の習得のためだけに作られた教材ではなく，初声字と中声字の合字法までも習得できるように作られていた。これにパッチム法を学べば，音節単位の束ね書き方式も容易に習得できるのである。

2.2. 反切表によるハングル教育の方法

　伝統時代において，ハングル教育は反切表を使って行われたことは間違いないが，実際にどのような方式で行われたのかは知られていない。これに関する直接的な記録はまだ発見されていないためである。

　しかし，次のような間接的な資料を通じて，反切表によるハングル教育がど

のようになされたのかを知ることができる。

(1) 각 간에 잇난 아해 수십여명을 불너내여 한 간을 치우고 가갸거겨를 써셔 닑히니 (중략) 지금 반년이 못 되엿는대 국문은 다 잘 보고 잘 쓰며

(各房の少年たち数十人を呼び出し、一つの房を空けて가갸거겨（カギャゴギョ）を書いたり読ませたりしたので（中略）、まだ半年も経っていないが国文はすっかり読み書きができ…)
〈神學月報 3:185, 1903〉

(2) 로창흔 쟝부가 초학ᄒᆞᆫ 동몽의 모양으로 셰종대왕끠서 지으신 국문을 기역 니은부터 ᄎᆞ례로 비화 지식을 진일코져ᄒᆞᆯ시

(老人は、若い学生のように、世宗大王がお作りになった国文を기역（ㄱ）、니은（ㄴ）から順番に習って知識を増やそうとした)
〈大韓毎日申報, 1908.7.18, 論説〉

(3) 가갸거겨 국문 빈와 셔스 왕닉 편지ᄒᆞ고

(国文を가갸거겨と習って、手紙を書いてやり取りしよう)
〈閨房歌辞「白髪歌」〉

(4) 셋재 아기도 이제는 쾌히 셩ᄒᆞ여 이실 거시니 언문을 외와싯다가 뵈라 니라소

(三番目の赤ん坊ももうずいぶん大きくなっただろうから、諺文を覚えて私に見せるように言いなさい)
〈玄風郭氏諺簡 39〉

上記引用文 (1) は監獄に収監された少年たちにハングルを教える場面を描写している。(2) は老人が知識を広げるためにハングルを学んでいるという記事である。(3) は閨房歌辞「白髪歌」の一部であり、(4) はある男が妻に送った手紙の一部である。

これらの例文を通じて，基礎ハングル教育は反切表を学ぶことから始まったことがわかる。よくハングルを習うことを「가갸거겨(カギャゴギョ)」を習うとか「기역(キヨク)(ㄱ)，니은(ニウン)(ㄴ)」を習うと言うが，これは反切表でハングルを学ぶことを意味する。おそらく漢字の学習者が千字文を覚えることから始めたように，反切表の反切合字（14 行反切の場合は 154 字，16 行反切の場合は 182 字）とパッチム 8 字（8 終声：ㄱ，ㄴ，ㄷ，ㄹ，ㅁ，ㅂ，ㅅ，ㅇ）の名前[2]を順番に覚えたのではないかと思われる。引用文（4）で，「諺文を覚える」とあるのは反切表を覚えるという意味であろう。もちろん覚える過程でその文字を書いてみる練習もしたであろう。白斗鉉(ベクトゥヒョン)（백두현，2007：83）では『論語諺解（논어언해）』の裏面に反切表を練習で書いた資料を提示しているが（本章末付録の図 16 参照），これは反切表を覚えながらそれを書く練習もしたことを示している。そのほか『和韓唱和集（下）』には，日本へ行った通信使一行が日本人たちと筆談を交わす中で，日本人の求めに応じて通信使の一人がその場で反切（16 行反切）全文を書いてあげたという記録がある（本章末付録の図 3 参照）。これは反切表を完全に覚えていたためにできたことであろう。

　反切表の次には，パッチム法を学んでいたと思われる。このことは『訓蒙字會』[訳注①]の「諺文字母」の記述からも推察されてきた。「諺文字母」では，例えば初声「ㄱ」と中声「ㅏ」を合わせると「가」(「家」の字の音[ka])になり，「가」の字に終声「ㄱ」を合わせると「각」(「各」の字の音[kak])になるとしている。[3] したがって，反切表でハングルを学ぶ際は，まず反切表の文字とパッチム字の名称を覚え，その後に以下のような方法でパッチム法（終声パッチム）を学んだものと推測される。

---

[2] パッチム字 8 字の名称は以下の通りである。
　ㄱ(기역(キヨク))，ㄴ(니은(ニウン))，ㄷ(디귿(ティグッ))，ㄹ(리을(リウル))，ㅁ(미음(ミウム))，ㅂ(비읍(ビウプ))，
　ㅅ(시옷(シオッ))，ㅇ(이응(イウン))．

[3] 以ㄱ(其)爲初聲 以ㅏ(阿)爲中聲 合ㄱㅏ爲字則가 此家字音也 又以ㄱ(役)爲終聲 合가ㄱ爲字則각 此各字音也〈訓蒙字會 凡例3〉

「가」の字に ㄱ (기역キヨク) で「각」　　［가 + ㄱ → 각］
「가」の字に ㄴ (니은ニウン) で「간」　　［가 + ㄴ → 간］

「나」の字に ㄱ (기역キヨク) で「낙」　　［나 + ㄱ → 낙］
「나」の字に ㄴ (니은ニウン) で「난」　　［나 + ㄴ → 난］

　パッチム法をこのような方法で学んでいたことは，次の例文 (5) によって確認することができる。

(5) 말의 규구와 글ᄌ의 고뎌와 어음의 쳥탁이 무어신지 모로고 다만 <u>가 갸 거겨 가ᄌ에 기역ᄒ면 각ᄒ고 가ᄌ에 니은ᄒ면 간ᄒᄂ 거스로</u> 여간 편지니 쇼셜이니 긔록ᄒᄂ
（言葉の規則や音声の高低は知らなくとも，ただ<u>가갸거겨，「가」の字にㄱで「각」，「가」の字にㄴで「간」ということ</u>だけを覚えて，手紙や小説を書く）
〈国文論（京郷新聞 31 号，1907.5.17)〉

　母音字（正確には半母音）「ㅣ」を付加して合成母音が作られるようになって以降は，8 終声を使ったパッチム法を学んだ後に，この「ㅣ」すなわち「ウェイ（외이）」パッチム[4]を付け加える方法を学んだと考えられる。
　「가」にウェイパッチムで「개」，「거」にウェイパッチムで「게」，というように反切合字に「ㅣ」を付け加える方法を学んだのである。李鳳雲（이봉운イ ボンウン）の『國文正理』(1897)[訳注②]には「ㅣ（ウェイ）を付ける方法」が次のように示されていた。

가 + ㅣ → 개
갸 + ㅣ → 걔

[4) 「외이」は「딴이ダ ニ」とも呼ばれた。

거 + ㅣ → 계
겨 + ㅣ → 계

　そして最後に濃音の表記方法を学んだであろう。李鳳雲は濃音の表記を「横パッチム（옆받침）」と呼んでいる。一般的なパッチム（終声パッチム）は文字の下に付け加えるのに対し，横パッチムとは，文字の左側に付け加える子音字のことを言う。横パッチムには伝統的に「ㅅ」[5] が使用されてきたが，これは濃音の符号のようなものであった。

ㅅ + 가 [ka] → 까 [kka]
ㅅ + 다 [ta] → 따 [tta]
ㅅ + 바 [pa] → 빠 [ppa]

　しかし李鳳雲は横パッチムを「ㅅ」にするのは間違っているとし，横パッチムは初声字を繰り返して書くチェモム（제몸）パッチムにすべきであると主張した（『國文正理』）。例えば，「가」の字の左側に「가」の字の初声字である「ㄱ」を付け加えて「까」の字を作ることである。「다」には「ㄷ」を，「바」には「ㅂ」を付け加える。

ㄱ + 가 [ka] → 까 [kka]
ㄷ + 다 [ta] → 따 [tta]
ㅂ + 바 [pa] → 빠 [ppa]

　チェモムパッチムを付けると各自並書になるが，濃音を各自並書で表記すべきであるという主張は，すでに柳僖（유희）の『諺文志』訳注③ (1824) に見ら

---

[5] 初声に用いられる子音の左につく「ㅅ」のことを된시옷と言う。

以上から、反切表を使ったハングル教育では、「ㄱ」の濃音は「ㄲ」であり「ㄷ」の濃音は「ㄸ」であるというように濃音を個別に習うのではなく、「ㄱ」に横パッチムを付けて「ㄲ」、「ㄷ」に横パッチムを付けて「ㄸ」を作るという様に習ったことがわかる。「까」は「ㄲ」と「ㅏ」が結合して作られる文字ではなく、「가」に横パッチムを付けて作られる文字だったのである。

ここまでに説明したパッチム（終声パッチム、ウェイパッチム、横パッチム）のうち「ウェイパッチム」と「横パッチム」は『訓蒙字會』の「諺文字母」には言及されていなかったものである。

2.3. ハングル教育は誰が担当したのか

それでは、伝統時代にはハングル教育は誰が担当したのであろうか。

ハングルが創制されてから1880年代に至るまで、正規の教育機関でハングルを教えたという記録はまだ発見されていない。公式文書にはハングルの使用が禁止されていたので[7]、正規の教育機関でハングルを教えるのは難しかったであろう。しかし、士大夫の家では女性だけではなく、男性も家族に宛てたハングルの手紙を書いていたことからみて、彼らがハングルを習っていたのは間違いのない事実である。

伝統時代のハングル教育は主に家庭で女性たちが行っていたものと考えられる[8]。次の引用文からその事実を知ることができる。

---

[6] 故今從雙形爲正理〈諺文志9ㄴ〉
「雙形（双形）」とは各自並書のことであり、濁声（濃音）表記は各自並書が正しいという意味である。柳僖は、濃音表記として「ㅅ」や「ㅄ」などの形があったことを知っていた。

[7] 安秉禧（1985）参照。

[8] 白斗鉉（2007）において、これらの事実について言及されている。

(6) 아우 주식 둘란 게 갓습ᄂᆞ 제 언문 ᄀᆞ르쳐 보내옵쇼셔. 슈고롭스오만
언문 ᄀᆞ르치옵쇼셔
(私の子供たち二人がそちらに行っている間に諺文を教えて帰ってください。お手数をおかけしますが諺文を教えてください。) 〈玄風郭氏諺簡 2, 1612〉

(7) 즁모겨오셔 ᄯᅩ 덕힝이 남다르오셔 빅亽 밧ᄃᆞ오시미 죤고 버금이 오시고 긔취 고결ᄒᆞ시며 문식이 탁월ᄒᆞ오셔 진실노 님하풍미오녀즁의 션비시라 날을 심히 ᄉᆞ랑ᄒᆞ오샤 언문을 가라치시고 번빅을 지도ᄒᆞ오셔 ᄌᆞ별이 구오시미 닉 ᄯᅩ한 션비 ᄀᆞᆺ즙게 밧ᄃᆞ오니 션비 미양 우셔 갈오ᄉᆞᄃᆡ 이 아히 그ᄃᆡ 쫄오미심ᄒᆞ다 ᄒᆞ시더니라
(叔母さんは徳が高く学問に秀でていらっしゃるのですが、<u>私をとても愛してくださって、諺文を教えてくださり</u>、全てのことを指導してくださった。だから私も叔母さんを母のように慕った。母はよく叔母さんに「この子はあなたを本当に慕っているわね」と笑いながらおっしゃった) 〈閑中漫録―10〉

上の引用文(6)は男が義母に送った手紙の一部だが、義母に、実家にいる間に自分の子供たちに諺文(ハングル)を教えて帰ってくれるよう頼む内容である。母方の祖母がハングルを教えたのである。引用文(7)は『閑中録(ハンジュンノク한중록)』の一部だが、著者である惠慶宮洪氏(ヘギョングンホンシ헤경궁홍씨:正祖の母)は仲母(叔父の妻)からハングルを教えられたことがわかる。前出の(4)で引用した手紙にも、子供たちのハングル教育を妻に頼む内容が書かれている。

以上の例を通じて、朝鮮時代には子供たち、つまり初めて習う者たちへのハングル教育は主に女性たちが担当していたことがわかる。しかし、全てを女性たちが行っていたわけではないであろう。家庭では女性たちが行っていたが、書堂[訳注④]や寺院などでは男性たちが教えていたと考えられる。基礎ハングル教育は通常、漢字、漢文教育に先立って行われたが、書堂で初めて勉強する男の子の場合は、男の先生からハングルを教わることになったであろう。寺院においても、僧侶たちにハングルを教えたのは男性であろう。今後、関連資料の発

見が期待される。

　また，ハングル創制後間もない時期には女性たちがハングル教育を行うことはできなかったと思われる。ハングルを教えるためにはその文字についての全般的な理解がなければならないはずだが，女性たちが文字についての体系的な勉強をする機会を持つのは難しかったと思われるからである。したがって女性たちがハングル教育の主役として登場するようになるのは，反切表が作られ，反切表によって簡単にハングル教育ができるようになって以降であろう。

3. 反切表の変遷

3.1. 反切表の導入

　反切表がいつ誰によって作られたのかは明らかになっていない。したがって最初の反切表がどのようなものかも知ることができない。

　反切表の出現を推測させる最初の文献は，よく知られているように『訓蒙字會』である。『訓蒙字會』の凡例の終わりに載っている「諺文字母（俗所謂反切二十七字）」の内容が反切表と密接な関連があるということは，すでに崔鉉培（최현배, 1961）が指摘しているが[9]，この「諺文字母」の「初聲終聲通用八字」[10]と「初中聲合用作字例」[11]によって初声字と中声字が結合した文字を集めればすぐに反切表になる。反切表が「諺文字母」以前からあった可能性があるという見解もあるが，それを立証する資料は発見されておらず，「諺文字母」以降に登場したと見るのが妥当であろう。

　しかし，「諺文字母」以降に登場したと考えられる最初の反切表がどのよう

---

　[9] 崔鉉培（1961）においては，反切表は崔世珍が作ったのではないかとの推定もしている。
　[10] 反切表のパッチム字8字は，この「初聲終聲通用八字」に由来したものである。
　[11]「初中聲合用作字例」部分では，「ㄱ」と中声字が結び付いた「가갸거겨고교구규그기ᄀᆞ」を例として，初声字と中声字の結合方法を説明している。

な姿であったのかは，はっきりとしていない。現在まで知られている反切表の中で最も早いものは1719年（肅宗45）にわが国の通信使一行が日本人に頼まれて書いた「諺文書」と「朝鮮諺文」である。[12] ところがそこにはすでにウェイパッチムと「괘_{クヮ}, 궤_{グヮオ}」行が入っている。どちらも「諺文字母」には言及のないものであり，これらは反切表の最初の姿を見せてくれるものではない。

3. 2.　15行反切と14行反切

「諺文字母」に基づいて反切表が作られたのならば，その反切表のパッチム字は「ㄱㄴㄷㄹㅁㅂㅅㆁ」の8字（8終声）だったことについては，異論はないであろう。

　一方，反切表の反切合字が何行だったかに関しては異見がありうる。まず16行説と15行説である。崔世珍（최세진_{チェセジン}）は「諺文字母」において反切合字（初中聲合用作字例）の数を176字だと言った。これは初声字16字[13]と中声字11字[14]を掛け合わせた数である。これに従えば，反切表は16行でなければならない。しかし反切合字が176字だと言ったすぐ後に崔世珍は，初声としてのㆁとㅇは類似しており，一般には初声としてはすべてㅇ音が使用されると言っている。[15] これは，李翊燮（이익섭_{イイクソプ}, 1992：152）が，15世紀末になると「ㆁ」が初声字としてはほとんど使われなくなったとしていることと一致する。[16] したがって，『訓蒙字會』が編纂された時期にはすでに「ㆁ」が初声とし

---

　[12]「諺文書」は正使書記の姜栢が名古屋の儒者木下實聞に書いたもの（本章末付録図1），「朝鮮諺文」は従事官書記の張應斗［号：菊溪］が大阪の池田常貞［号：南溟］の要請によって書いたものであるとされる。이원식（1984）および安秉禧（1985・2007）参照。

　[13] ここで16字は，「初聲終聲通用八字」（ㄱㄴㄷㄹㅁㅂㅅㆁ）と「初聲獨用八字」（ㅋㅌㅍㅈㅊㅿㅇㅎ）を合わせたものである。

　[14] 中声字11字は「ㅏㅑㅓㅕㅗㅛㅜㅠㅡㅣ・」である。

　[15] 唯ㆁ之初聲 與ㅇ字音 俗呼相近 故俗用初聲則皆用ㅇ音〈訓蒙字會 凡例3ㄴ〉

　[16] 李基文（1971：58）においても，「ㆁ」は16世紀に入るとすでにほとんど初声としては使われていなかったと指摘している。

て使われることはなかったと思われる。「ㅇ」が初声として使われなくなれば当然「아」行がなくなり，15行反切になる。なお，李基文(이기문,1972：127)によれば，「△」は15世紀後半から16世紀前半にかけて消失したものと推定されるが，『訓蒙字會』を検討した結果からは，「△」は相当に動揺してはいたがなお存続していた可能性が高いという。それゆえ，『訓蒙字會』刊行の直後に反切表が作られたのならば，そこには「△」行があり，8終声15行の反切であったと思われる。

しかし「△」は16世紀後半になると消失する。したがって15行の反切は，存在したとしても長くは続かなかったと思われる。「△」が消失して「사」行がなくなれば，14行の反切になる（p.142図表1はその14行の反切表である）。おそらく，この8終声14行の反切が最も基本的なものではなかったかと考えられる。それが反切表の基本形だと言ってもそれほど間違った話ではないであろう。

3.3. ウェイパッチムの追加

しかしこの8終声14行の反切はそれほど完璧なものではなかった。まずこの反切表では，訓民正音において「ㅣ相合字」と言っていた下向二重母音字（ㅐㅒㅔㅖㅚㅟなど）訳注⑤を作り出すことができない。つまり，この反切表から「각」や「간」のような文字は作ることができても，「개」や「계」のような文字は作れないのである。反切表によってハングルを教育したり習得しようとした人々は，このような事実に気が付いたであろう。そのためパッチム字に「ㅣ」（ウェイ）を追加することになった。[17]それは通常の母音字としての「ㅣ」とは違って他のパッチム字と同様にすべての反切合字に結合することができるという事実を認識したためであろう。洪啓禧（홍계희）の『三韻聲彙』(1751)はウェイが通常の「ㅣ」とは違うことに言及し[18]，柳僖の『諺文志』はこの

[17) ウェイ（ㅣ）の音価はおおよそ半母音 [j] に該当する。

ウェイは全ての字の横（右側）に付加することができると述べている。[19] 下向二重母音が単母音化[訳注⑥]していなかった時代には，このウェイをパッチムとして認識するのがより容易だったであろう。

3. 4. 「ㅘ, ㅝ」行の追加

　パッチム字にウェイを追加しても14行反切では作れない文字がある。「ㅘ, ㅝ, 관, 권」などの文字である。これを解決するために反切表に「ㅘ, ㅝ」行が追加された。すなわち，初声字14字[20]と二重母音「ㅘ, ㅝ」が結合した28文字が追加されたのである。この28文字を配列するのには少なくとも2行必要である。こうして16行反切が登場することになったのである。ウェイ（ㅣ）と，「ㅘ, ㅝ」行が追加された反切表を示すと，次ページの表の通りである。
　このように「ㅘ, ㅝ」行が追加されることで反切表は，音素的表記をする限りにおいては，基礎ハングル教育の完璧な教材になったのである。図表2（p.154）のような16行反切表[21]の文字を覚えて，前で説明した3つのパッチム法（終声パッチム法，ウェイパッチム法，横パッチム法）を習得すれば，韓国語のすべての音節を表記することができたのである。「괙」のような複雑な音節も，反切表にある「ㅘ」の字に横パッチム（チェモムパッチム）「ㄱ」を付けて「좍」を作り，ウェイパッチム「ㅣ」を付けて「괙」を作り，それから終声パッチム「ㄱ」を付ければできたのである。

---

[18] 橫色等字本中聲外　又得ㅣ中聲而成字　與侵中聲ㅣ不同〈三韻聲彙 上 6〉
[19] 中聲變例一形
　　ㅣ每於全字　右旁加之〈諺文志 12 ㄴ〉
[20] 『訓蒙字會』の時期の初声字16字から「ㅇ」と「ㅿ」がなくなり14字になった。
[21] 「ㅘ, ㅝ」行を別の行に配置せず表の下段に配列する反切表もあった。すなわち「ㅘ, ㅝ」は「가」行の「ㄱ」の下に，「ㅝ, ㅞ」は「나」行の「ㄴ」の下に配列する方式である。この場合，行数は14行のままで段数のみ11段から13段に増える。本章末付録の図5と図13がこれに該当する。

와	과	하	파	타	카	차	자	아	사	바	마	라	다	나	가	ㄱ
워	궈	햐	퍄	탸	캬	챠	쟈	야	샤	뱌	먀	랴	댜	냐	갸	ㄴ
좌	놔	허	퍼	터	커	처	저	어	서	버	머	러	더	너	거	ㄷ
줘	눠	혀	펴	텨	켜	쳐	져	여	셔	벼	며	려	뎌	녀	겨	ㄹ
촤	돠	호	포	토	코	초	조	오	소	보	모	로	도	노	고	ㅁ
취	뒤	효	표	툐	쿄	쵸	죠	요	쇼	뵤	묘	료	됴	뇨	교	ㅂ
괘	뢔	후	푸	투	쿠	추	주	우	수	부	무	루	두	누	구	ㅅ
궈	뤄	휴	퓨	튜	큐	츄	쥬	유	슈	뷰	뮤	류	듀	뉴	규	ㅇ
톼	뫄	흐	프	트	크	츠	즈	으	스	브	므	르	드	느	그	ㅇ
퉈	뭐	히	피	티	키	치	지	이	시	비	미	리	디	니	기	
퐈	봐	ᄒ	ᄑ	ᄐ	ᄏ	ᄎ	ᄌ	ᄋ	ᄉ	ᄇ	ᄆ	ᄅ	ᄃ	ᄂ	ᄀ	
풔	붜															
화	솨															
훠	숴															

図表 2　9 終声[22] 16 行反切表

ㄱ [k] + 과 [kwa] → 꽈 [kkwa]

꽈 [kkwa] + ㅣ [j] → 꽤 [kkwaj]

꽤 [kkwaj] + ㄱ [k] → 꽥 [kkwajk]

　このように反切表は，簡単に読み書きを学べるハングル教育（学習）の教材として長い間活用され，ハングルの普及にも大きく寄与したのである。

4.　反切表の廃棄

　しかしこの反切表はいつからかハングル教育，あるいは国語教育から消えて

---

[22] 「ㅣ」は子音字ではないがパッチム字として扱っている。『蒙學必讀』には「ㄱㄴㄷㄹㅁㅂㅅㅇ」に「ㅣ」を追加して「初終聲通用九字」とされている（本章末付録の図 15 参照）。

いった。新式教育（西欧式教育）が導入されるようになると反切表の活用頻度は徐々に低下し，20世紀中盤以降には完全に姿を消した。では国語教育から反切表が消えていったのはなぜであろうか。

　第一に，国語教育が西欧式に変わったためである。西欧式教育においては，国語教育は単語と文章を通じて段階的になされ，その過程で文字および表記法を身につけるようにしている。そのため，速成で文字教育をする必要がない。また反切表の文字の中には基礎教育であえて習う必要がない文字も少なくない。国語教育が長い時間をかけて段階的に進められるようになると初めから反切表を覚えさせる必要がないのである。

　第二に，ハングルの表記法が変わったためである。よく知られているように，ハングルの表記法は周時經（주시경）以来，音素的表記から形態音素的表記に大きく変わった。形態音素的表記を志向する新しい表記法においては，反切表によるハングル教育はそれほど効果的ではない。形態音素的表記をする場合，伝統的な反切表の運用によっては表記できない文字が多いためである。したがって反切表によるハングル教育はあまり効果的ではない。

　第三に，言語変化によって反切表の文字の中に（少なくとも国語を表記する上で）習う必要のない文字ができたことも要因としてあげることができる。口蓋音化[訳注⑦]によって，「댜뎌됴듀탸텨툐튜」といった文字は使用する必要がなくなり，歯擦音（ㅅㅈㅊ）に続く [j] 系二重母音が実現できなくなったのに伴い，漢字音や国語を表記するのには「샤（셔）쇼슈쟈（져）죠쥬쵸（쳐）쵸쥬」といった文字が必要なくなった。[23] 池錫永（지석영）は1905年の上疏文において「現行の諺文14行154字のうち，重複音は36字，なくなった音は36字」と言って，国語表記法の整備の必要性を力説した。[24] それは反切表がすでにハングル教育の有効な教材でなくなったことを述べたものと思われる。

---

[23]「셔져쳐」は「이」で終わる用言の語幹と「어」で始まる語尾と結びついて縮約される場合には必要な文字である。

[24] 現用諺文 十四行 一百五十四字中 疊音居三十六 失音亦居三十六〈高宋実録 巻46〉

以上のような要因によって反切表の効用性は徐々に減っていくことになった。しかしそれでも新式教育が導入された初期（開化期）の段階では新しい方式の国語教育の教材とともに反切表も使用されることがあった。また速成のハングル教育においては20世紀中頃まで反切表が活用された。

　しかし1950年代以降の正規の学校教育では，反切表が登場することはなくなり，反切表はハングル教育もしくは国語教育からその姿を消すことになったのである。

5. 結論

　本稿は，反切表を使ったハングル教育（学習）に関連して，反切表が登場することになった背景，ハングル教育の方法，誰がそれを担当したかなどについて述べてきた。また，反切表がどのように変遷し，その変遷の理由が何かを明らかにした。そして最後に，伝統時代にはハングル教育の中心的な教材であった反切表が20世紀中盤以降になると完全に消えてしまったのはなぜかを考えてみた。

　反切表が登場することになったのは，直接には容易で簡便なハングル教育（学習）の教材が必要だったためである。しかしより根本的には，ハングルによる国語表記が束ね書き方式を採用したことによると言えよう。反切表は単にハングルの字母を学ぶためだけではなく，合字法および表記法を学べるようにできた教材なのである。

　反切表によるハングル教育は通常，まず16行反切本文とパッチム字を学んで覚え，次に終声パッチム法とウェイパッチム法（[j]系下向二重母音字表記）を習得し，そして最後に横パッチム法（濃音表記）を学ぶという順序でなされていたものと思われる。そのため，伝統時代にハングルを読み，書くことのできた人は誰でも反切表を覚えていたのである。

　この反切表を使ったハングル教育を担当したのは主に女性たちであったと考えられる。ハングルは公式の教育機関においては正規科目とされておらず，ハ

ングルは主に女性たちに使用されていたからであろう。

　時代とともに反切表も変遷を経たが，最も基本となった反切表は 8 終声 14 行反切と考えられる。これにパッチム字として「ウェイ（ㅣ）」が追加され，本文に「ㅘ，ㅟ」行が追加されて 16 行反切に変わっていったのである。これは反切表を使ってハングルによる国語表記を完全に身につけられるようにするためのものであった。パッチムにウェイが追加された 16 行反切表があれば国語の音素的表記法を完璧に身につけることができたのである。

　このようにハングル教育の効果的な教材であった反切表が 20 世紀中盤以降にはハングル教育，あるいは国語教育から消えることになった。その要因としては，新式教育の導入による国語教育の方法の変更，国語表記法の音素的表記から形態音素的表記への変更，音韻変化による反切表の効用性の減少などを挙げることができるのである。

訳　　注

① **訓蒙字會**　崔世珍（최세진）が 1527 年に著した漢字の学習書。その凡例において，初めてハングル字母の名称や順序を定めた。
② **國文正理**　1897 年に李鳳雲が著した韓国最初の近代文法研究書。国文を重視した国語教育確立を主張した。
③ **諺文志**　ハングルおよび漢字音に関する研究書。ハングルで漢字音を正しく表記することを主要関心事とした。
④ **書堂**　朝鮮時代に子どもたちの初等教育を行った私塾。日本の寺子屋にあたる。
⑤ **下向二重母音字**　二重母音のうち，最初の要素が音節の副音で後ろの要素が主音であるものを上向二重母音，逆に最初が主音で後ろが副音のものを下向二重母音と言う。現代韓国語の二重母音は，基本的に上向二重母音であり，下向二重母音はㅢのみである。
⑥ **下向二重母音の単母音化**　下向二重母音はその後単母音化したものがある。ㅐ/ay/ > /ɛ/，ㅔ/əy/ > /e/　など。
⑦ **口蓋音化**　現代韓国語における中世語からの音韻変化（簡易化）現象の一つ。「댜뎌됴듀 탸텨툐튜」の初声変化により「쟈져죠쥬챠쳐쵸츄」に変わった。

参 考 文 献

国語学会編（1975）『國語學資料選集（V）』, 一潮閣.
김윤경 [金允經]（1946）『朝鮮文字及語學史（3판, 초판, 1938（3版, 初版, 1938））』, 震學出版協會.
김병제 [キムビョンジェ]（1984）『조선어학사（朝鮮語学史）』, 平壌：科学, 百科事典出版社.
김인호 [キムイノ]（2005）『조선인민의 글자생활사（朝鮮人民の文字生活史）』, 平壌：社会科学出版社.
백두현 [白斗鉉]（2001）「조선시대의 한글보급과 실용에 관한 연구（朝鮮時代のハングルの普及と使用に関する研究）」,『震檀學報』92, 震檀學會.
─── （2007）「한글을 중심으로 본 조선시대 사람들의 문자생활（ハングルを中心として見た朝鮮時代の人々の文字生活）」,『西江人文論叢』22, 西江大人文科学研究所.
안병희 [安秉禧]（1985）「訓民正音 使用에 關한 歷史的 研究：創製로부터 19 世紀까지（訓民正音使用に関する歴史的研究：創製から 19 世紀まで）」,『東方學志』46・47・48, 延世大東方学研究所.（安秉禧（2007）に「훈민정음사용의 역사（訓民正音使用の歴史）」というタイトルで再収録）
─── （2000）「한글의 창제와 보급（ハングルの創制と普及）」,『同胞の文字ハングル（図録）』, 国立中央博物館.（安秉禧（2007）に同一タイトルで再収録）
─── （2003）「解例本의 八終聲에 대하여（解例本の 8 終声について）」,『國語學』41, 国語学会.（安秉禧（2007）に「해례본의 8 종성（解例本の 8 終声）」というタイトルで再収録）
─── （2007）『訓民正音研究』, ソウル大学校出版部.
이기문 [李基文]（1971）『訓蒙字會 研究』, 韓国文化研究所（ソウル大）.
─── （1972）『國語史概說（改訂版）』, トップ出版社.
이원식 [イウォンシク]（1984）「朝鮮通信使에 随行한 倭學譯官에 대하여 ─ 捷解新語의 成立時期에 관한 確証을 中心으로 ─」,『朝鮮学報』111, 朝鮮学会（日本）.
이익섭 [李翊燮]（1992）『國語表記法研究』, ソウル大学校出版部.
최현배 [崔鉉培]（1961）『한글갈 고친판（ハングルガル 修正版）』, 正音社.（初版 1941）
홍기문 [洪起文]（1947）『朝鮮文法研究』, ソウル新聞社.

付　録

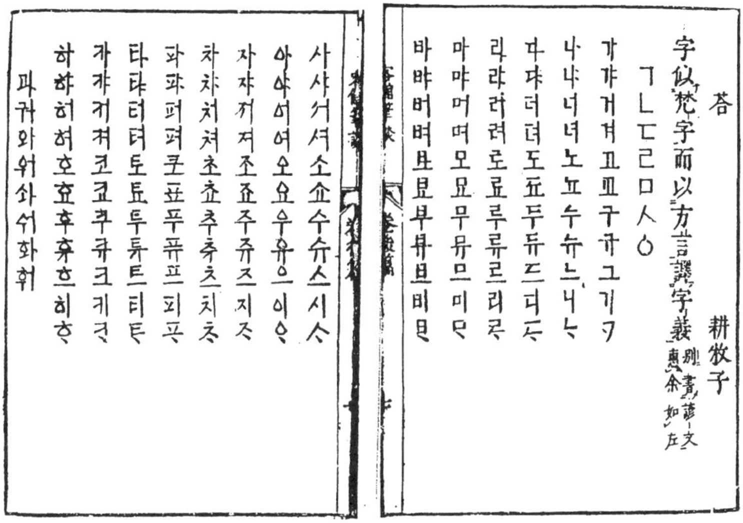

図1　諺文書（客館璀粲集 1719 年）

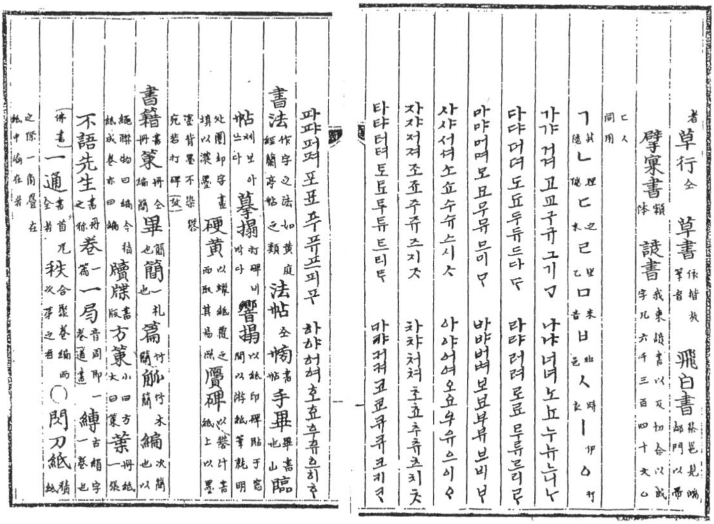

図2　諺書（才物譜 1798 年）

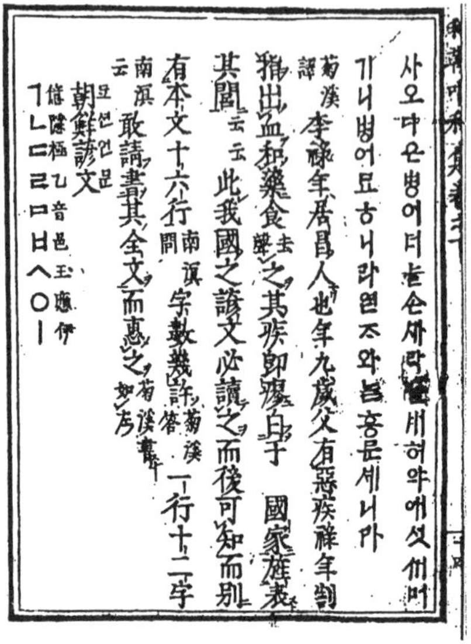

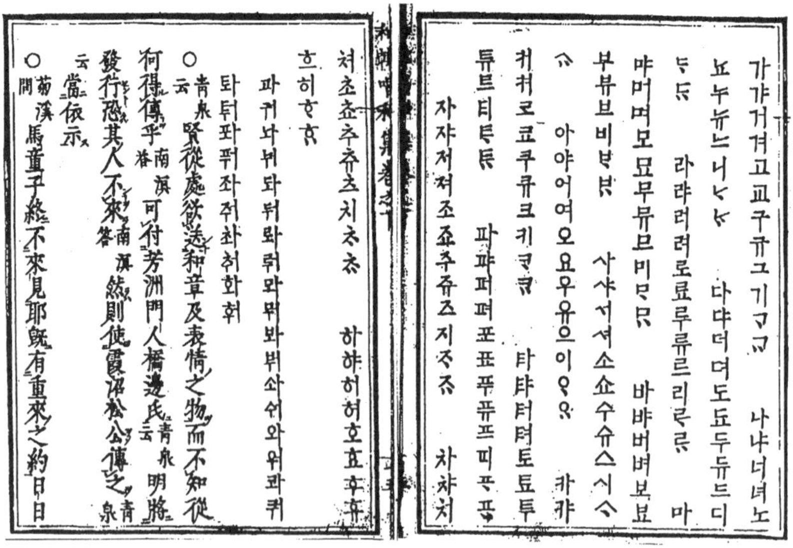

図3　朝鮮諺文（和韓唱和集 1719 年）

反切表の変遷と伝統時代のハングル教育（宋喆儀） 161

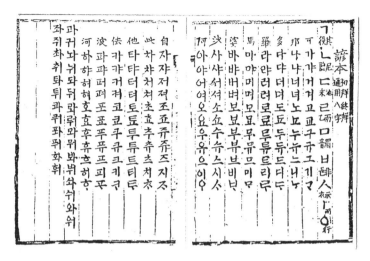

図4　諺文（日用作法 1869 年）

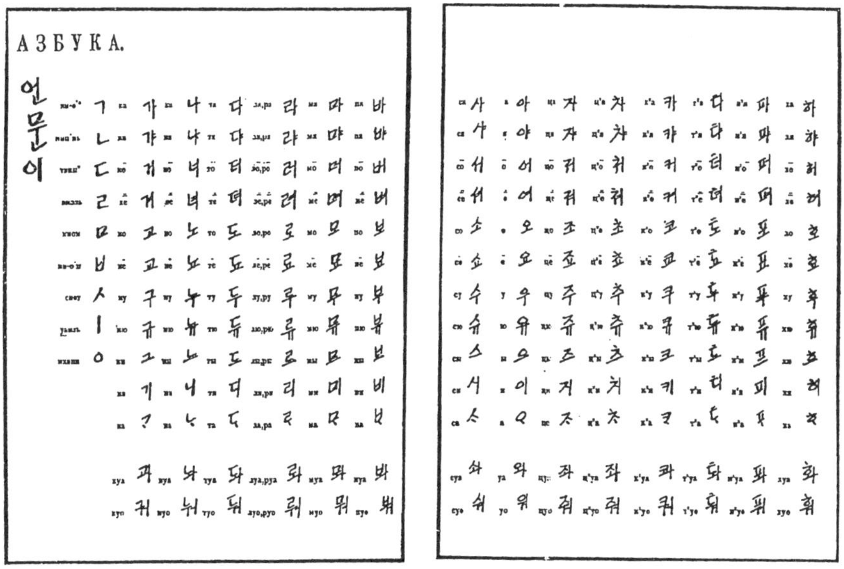

図5　諺文表（언문이）（露韓辞典 1874 年）

SYLLABAIRE CORÉEN.

반졀 PAN-TJYEL *ou* 엉이줄 ENG-I-TJOUL.

촤 TCHOA	솨 SOA	과 KOA
춰 TCHOUE	숴 SOUE	궈 KOUE
화 HOA	와 OA	놔 NOA
훠 HOUE	워 OUE	눠 NOUE
	콰 HKOA	돠 TOA
	쿼 HKOUE	둬 TOUE
	톼 HTOA	롸 ROA
	퉈 HTOUE	뤄 ROUE
	퐈 HPOA	뫄 MOA
	풔 HPOUE	뭐 MOUE
	좌 TJOA	봐 POA
	줘 TJOUE	붜 POUE

하 HA	차 TCHA	자 TJA	파 HPA	타 HTA	카 HKA	아 A	사 SA	바 PA	마 MA	라 RA	다 TA	나 NA	가 KA	
햐 HYA	챠 TCHYA	쟈 TJYA	퍄 HPYA	탸 HTYA	캬 HKYA	야 YA	샤 SYA	뱌 PYA	먀 MYA	랴 RYA	댜 TYA	냐 NYA	갸 KYA	ㄱ K
허 HE	처 TCHE	저 TJE	퍼 HPE	터 HTE	커 HKE	어 E	서 SE	버 PE	머 ME	러 RE	더 TE	너 NE	거 KE	ㄴ N
혀 HYE	쳐 TCHYE	져 TJYE	펴 HPYE	텨 HTYE	켜 HKYE	여 YE	셔 SYE	벼 PYE	며 MYE	려 RYE	뎌 TYE	녀 NYE	겨 KYE	ㄷ T
호 HO	초 TCHO	조 TJO	포 HPO	토 HTO	코 HKO	오 O	소 SO	보 PO	모 MO	로 RO	도 TO	노 NO	고 KO	ㄹ R
효 HYO	쵸 TCHYO	죠 TJYO	표 HPYO	툐 HTYO	쿄 HKYO	요 YO	쇼 SYO	뵤 PYO	묘 MYO	료 RYO	됴 TYO	뇨 NYO	교 KYO	ㅁ M
후 HOU	추 TCHOU	주 TJOU	푸 HPOU	투 HTOU	쿠 HKOU	우 OU	수 SOU	부 POU	무 MOU	루 ROU	두 TOU	누 NOU	구 KOU	ㅂ P
휴 HYOU	츄 TCHYOU	쥬 TJYOU	퓨 HPYOU	튜 HTYOU	큐 HKYOU	유 YOU	슈 SYOU	뷰 PYOU	뮤 MYOU	류 RYOU	듀 TYOU	뉴 NYOU	규 KYOU	ㅅ S
흐 HEU	츠 TCHEU	즈 TJEU	프 HPEU	트 HTEU	크 HKEU	으 EU	스 SEU	브 PEU	므 MEU	르 REU	드 TEU	느 NEU	그 KEU	ㅇ NG
히 HI	치 TCHI	지 TJI	피 HPI	티 HTI	키 HKI	이 I	시 SI	비 PI	미 MI	리 RI	디 TI	니 NI	기 KI	ㅣ I
ᄒᆞ HĂ	ᄎᆞ TCHĂ	ᄌᆞ TJĂ	ᄑᆞ HPĂ	ᄐᆞ HTĂ	ᄏᆞ HKĂ	ᄋᆞ Ă	ᄉᆞ SĂ	ᄇᆞ PĂ	ᄆᆞ MĂ	ᄅᆞ RĂ	ᄃᆞ TĂ	ᄂᆞ NĂ	ᄀᆞ KĂ	

NOTA. — Lire ce tableau à la coréenne, c'est-à-dire de haut en bas et de droite à gauche.

INTRODUCTION. XX

図 6　反切（韓語文典 1881 年）

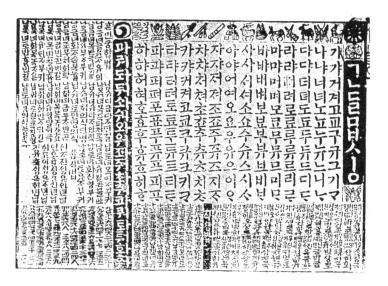

図 7　坊刻本 反切（19 世紀中葉？）

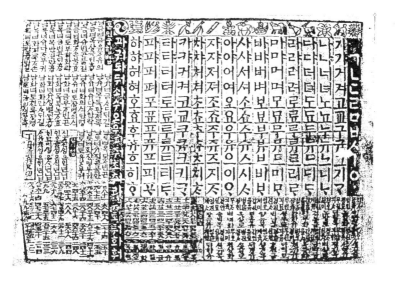

図8　丁丑新刊反切（1877年）

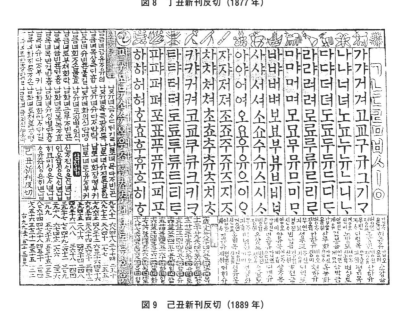

図9　己丑新刊反切（1889年）

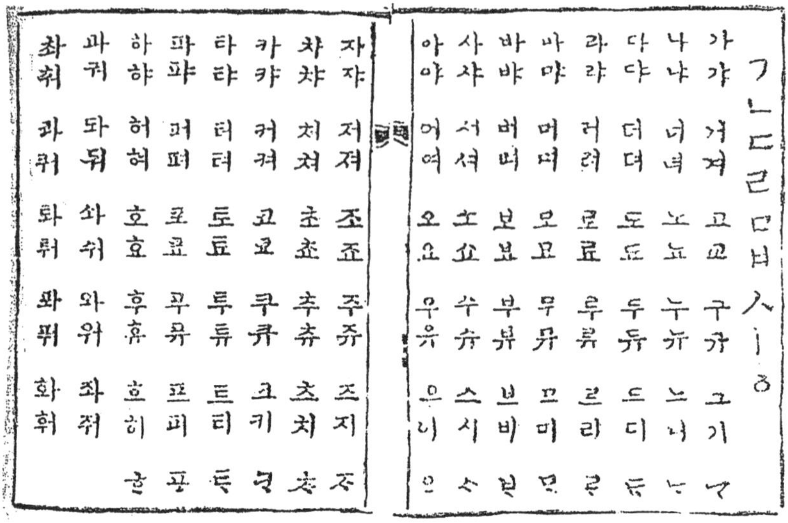

図10　反切表（新訂尋常小學 1896 年）

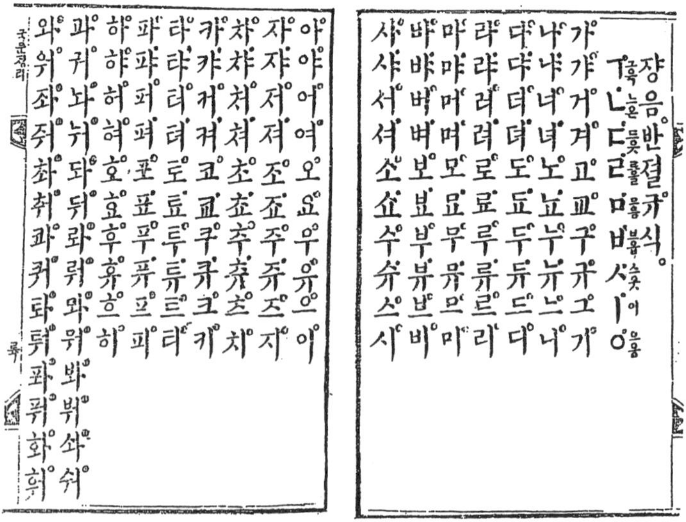

図11　反切表（國文正理 1897 年）

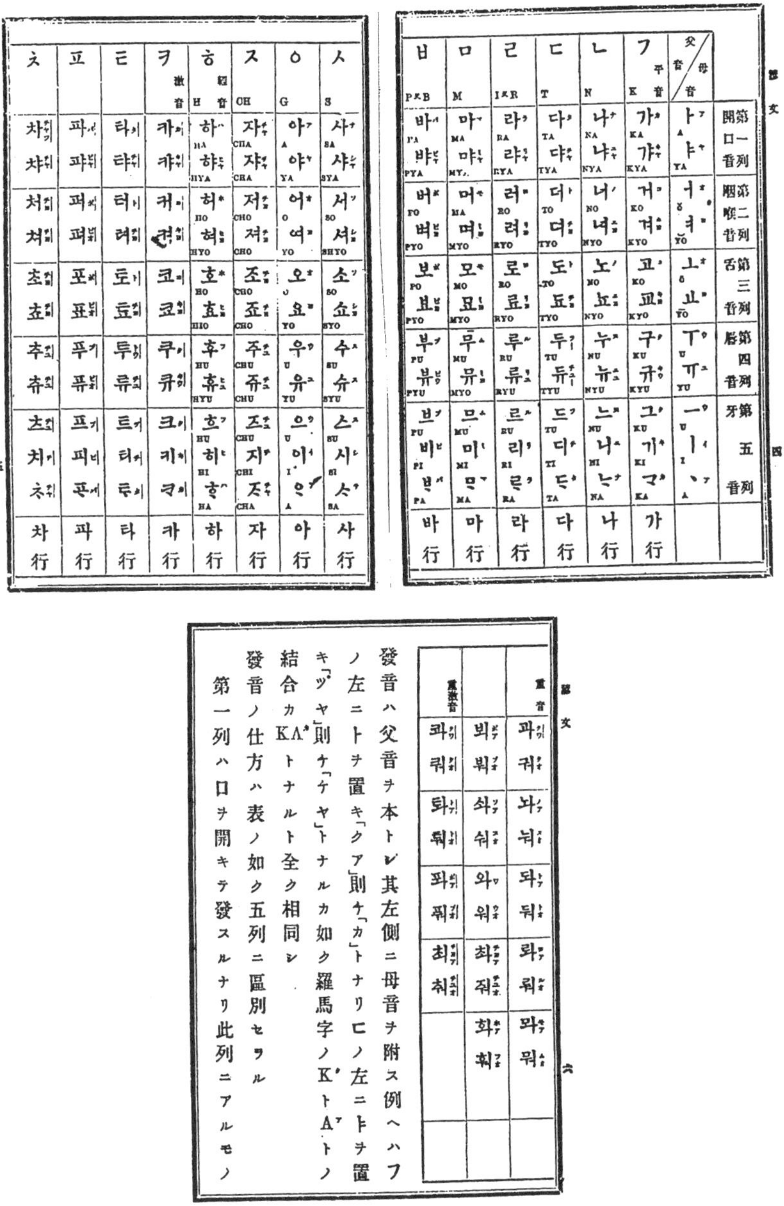

諺文　四

ㅂ P又B	ㅁ M	ㄹ L又R	ㄷ T	ㄴ N	ㄱ 平音 K	父音／母音	
바 PA / 뱌 PYA	마 MA / 먀 MYA	라 RA / 랴 RYA	다 TA / 댜 TYA	나 NA / 냐 NYA	가 KA / 갸 KYA	ㅏ A / ㅑ YA	第一 開口音列
버 PO / 벼 PYO	머 MA / 며 MYO	러 RO / 려 RYO	더 TO / 뎌 TYO	너 NO / 녀 NYO	거 KO / 겨 KYO	ㅓ ŏ / ㅕ YŎ	第二 咽喉音列
보 PO / 뵤 PYO	모 MO / 묘 MYO	로 RO / 료 RYO	도 TO / 됴 TYO	노 NO / 뇨 NYO	고 KO / 교 KYO	ㅗ ŏ / ㅛ YŎ	第三 舌音列
부 PU / 뷰 PYU	무 MU / 뮤 MYO	루 RU / 류 RYU	두 TU / 듀 TYU	누 NU / 뉴 NYU	구 KU / 규 KYU	ㅜ U / ㅠ YU	第四 唇音列
브 PU / 비 PI / ᄇᆞ PA	므 MU / 미 MI / ᄆᆞ MA	르 RU / 리 RI / ᄅᆞ RA	드 TU / 디 TI / ᄃᆞ TA	느 NU / 니 NI / ᄂᆞ NA	그 KU / 기 KI / ᄀᆞ KA	ㅡ U / ㅣ I / ㆍ A	第五 牙音列
바行	마行	라行	다行	나行	가行		

諺文　五

ㅊ	ㅍ	ㅌ	ㅋ 激音	ㅎ 緩音 H	ㅈ CH	ㅇ G	ㅅ S
차 / 챠	파 / 퍄	타 / 탸	카 / 캬	하 HA / 햐 HYA	자 CHA / 쟈 CHA	아 A / 야 YA	사 SA / 샤 SYA
처 / 쳐	퍼 / 펴	터 / 텨	커 / 켜	허 HO / 혀 HYO	저 CHO / 져 CHO	어 O / 여 YO	서 SO / 셔 SHYO
초 / 쵸	포 / 표	토 / 툐	코 / 쿄	호 HO / 효 HIO	조 CHO / 죠 CHO	오 O / 요 YO	소 SO / 쇼 SYO
추 / 츄	푸 / 퓨	투 / 튜	쿠 / 큐	후 HU / 휴 HYU	주 CHU / 쥬 CHU	우 U / 유 YU	수 SU / 슈 SYU
츠 / 치 / ᄎᆞ	프 / 피 / ᄑᆞ	트 / 티 / ᄐᆞ	크 / 키 / ᄏᆞ	흐 HU / 히 HI / ᄒᆞ HA	즈 CHU / 지 CHI / ᄌᆞ CHA	으 U / 이 I / ᄋᆞ A	스 SU / 시 SI / ᄉᆞ SA
차行	파行	타行	카行	하行	자行	아行	사行

諺文　六

重激音		重音
콰 / 쿼	봐 / 붜	과 / 궈
톼 / 퉈	솨 / 숴	놔 / 눠
퐈 / 풔	와 / 워	돠 / 둬
촤 / 춰	좌 / 줘	롸 / 뤄
	화 / 훠	뫄 / 뭐

發音ハ父音ヲ本トシ其左側ニ母音ヲ附ス例ヘハㄱノ左ニㅏヲ置キ「クア」則チ「カ」トナリㄷノ左ニㅑヲ置キ「ヅヤ」則チ「ケヤ」トナルカ如ク羅馬字ノK'トA'トノ結合カKA'トナルト全ク相同シ

發音ノ仕方ハ表ノ如ク五列ニ區別セラル

第一列ハ口ヲ開キテ發スルナリ此列ニアルモノ

図 12　朝鮮諺文表（實用韓語學 1902 年）

언문조합

ㄱ ㄴ ㄷ ㄹ ㅁ ㅂ ㅅ ㅣ ㅇ

가 갸 거 겨 고 교 구 규 그 기 ᄀᆞ 과 궈
나 냐 너 녀 노 뇨 누 뉴 느 니 ᄂᆞ 놔 눠
다 댜 더 뎌 도 됴 두 듀 드 디 ᄃᆞ 돠 둬
라 랴 러 려 로 료 루 류 르 리 ᄅᆞ 롸 뤄
마 먀 머 며 모 묘 무 뮤 므 미 ᄆᆞ 뫄 뭐
바 뱌 버 벼 보 뵤 부 뷰 브 비 ᄇᆞ 봐 붜
사 샤 서 셔 소 쇼 수 슈 스 시 ᄉᆞ 솨 숴
아 야 어 여 오 요 우 유 으 이 ᄋᆞ 와 워
자 쟈 저 져 조 죠 주 쥬 즈 지 ᄌᆞ 좌 줘
차 챠 처 쳐 초 쵸 추 츄 츠 치 ᄎᆞ 촤 춰
카 캬 커 켜 코 쿄 쿠 큐 크 키 ᄏᆞ 콰 쿼
타 탸 터 텨 토 툐 투 튜 트 티 ᄐᆞ 톼 퉈
파 퍄 퍼 펴 포 표 푸 퓨 프 피 ᄑᆞ 퐈 풔
하 햐 허 혀 호 효 후 휴 흐 히 ᄒᆞ 화 훠

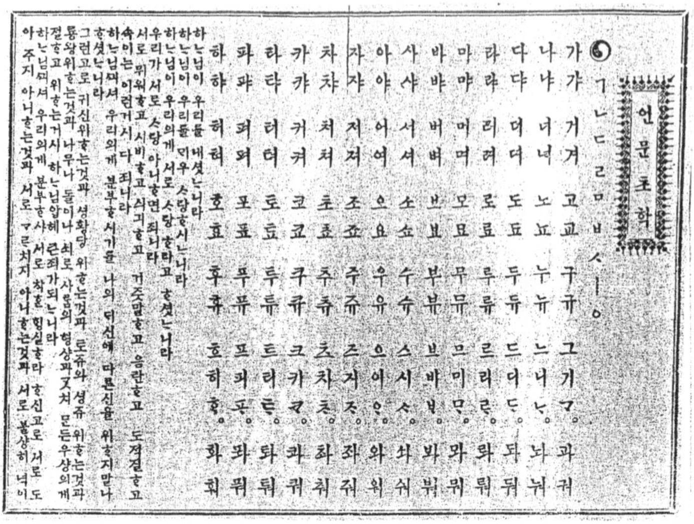

図 13　反切表（諺文小學 1917 年）

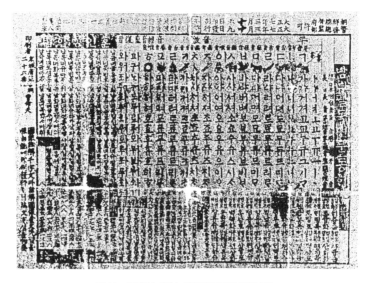

図 14　反切表（男女必讀諺文通解 1918 年）

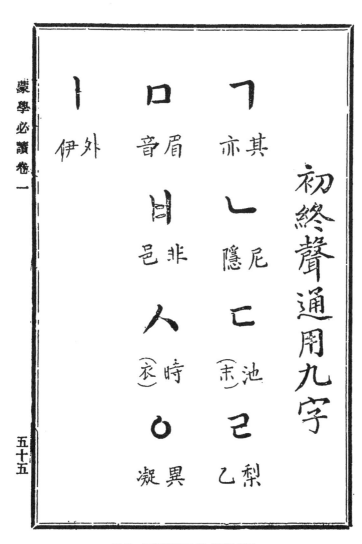

図15　初終聲通用九字（蒙學必讀）

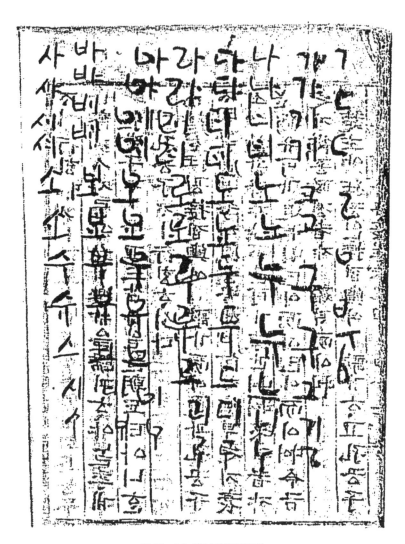

図16　ハングル反切練習資料

9

ハングル文献刊行の歴史
――ハングル創制から甲午改革まで――

李浩權(이호권)
     イ ホグォン

Ⅰ. はじめに

　ハングルが創制されてから朝鮮時代末期まで多くのハングル文献[1]が刊行されたが，漢文文献に比べると量的に絶対的な劣勢に置かれていた。公式の文字としての漢字の地位はハングル創制以降にも全く揺らぐことはなかったのである。

　ハングル文献と言っても，ハングルのみで刊行された書籍は非常にまれである。その大部分は諺解書と呼ばれる漢文の翻訳書であり，漢文原典と，ハングルによる諺解文あるいは漢字を混用した国漢文混用体による文でできている。漢文文献を補助する役割としてのハングル文献の位置付けはその後も長い間続いたが，次第にその領域を広げて多様化していった。

　本稿では，ハングルが創制されてから，1894年（高宗31）の甲午改革によってハングルが公式の文字としての地位を得るまでのハングル文献刊行の歴史を概観することにする。まず，その歴史を五つの時期に区分し，各時期別

---

[1] 本稿において「ハングル文献」とは，諺解本だけではなくごく一部でもハングルが使用されている文献はすべて含めることとする。

に，刊行の傾向と刊行された書籍の特徴を探ることとする。なお，以下に示す年次は原則として編纂ではなく刊行年を基準とする。

Ⅱ．時期の区分

　ハングル創制から甲午改革までの450年間，ハングル文献は様々な変化を経てきた。その歴史的な変遷を流れとして理解するとともに，叙述の便宜のため，本稿ではハングル文献刊行の歴史を以下の五つの時期に区分する。

　　第1期（揺籃期）：ハングル創制～睿宗（1443～1469年）
　　第2期（成長期）：成宗～壬辰倭乱直前（1470～1592年）
　　第3期（変動期）：壬辰倭乱～景宗（1592～1724年）
　　第4期（隆盛期）：英祖～正祖（1725～1800年）
　　第5期（変革期）：純祖～甲午改革（1801～1894年）

　第1期は，1443年（世宗25）のハングル創制時から成宗の即位前（1469）までである。この時期に王室と刊経都監から仏経諺解書が集中的に刊行されたことを重視したものである。期間は27年とほかの時期に比べて相対的に短いが，初期のハングル文献の持つ書誌学的，言語学的特徴を重視して時期区分をした。

　第2期は，1470年（成宗元）から壬辰倭乱勃発前（1592）の120年余りの期間である。政治史的観点からは成宗と燕山君の時代は先行する第1期に含めることもできるが，ここでは出版文化史的な側面をより重視してこの時期に入れた。ハングルの使用が広がりを見せ，全国的にハングル文献が刊行された時期である。

　第3期は，宣祖後期の壬辰倭乱勃発から景宗朝までの130年余りの期間である。壬辰倭乱を以て時期区分をしたのは，この戦争以降に刊行された文献はそれ以前に刊行されたものとは書誌学的な側面から明確に区別されるためである。

第4期は，英祖朝と正祖朝の76年間に該当する。期間としては第2期と第3期に比べて相対的に短いが，この時期に様々なハングル文献が集中的に刊行された点を重視して独立した時期とした。ハングル文献中興の時期と言うことができる。

　第5期は，純祖の即位年（1801）から甲午改革（1894）まで94年間である。歴史において朝鮮時代末期と呼ばれる時期であり，伝統的なハングル文献の新たな刊行は多くないが，坊刻小説の盛行とキリスト教関連のハングル書籍の出現によって，新しい変革の姿を見せた時期である。

Ⅲ．時期別の傾向と特徴

3．1．第1期（ハングル創制〜睿宗）—ハングル文献の揺籃期

3．1．1．

　最初のハングル文献は1446年（世宗28）の『訓民正音』である。巻末に付けられた鄭麟趾（정인지／チョンインジ）序文の日付が9月上旬なので，実際の刊行はそれより遅かったであろうが，現在に伝わるハングル文献の中で時期的に最も早い。

　翌年の1447年に『龍飛御天歌』が刊行された。その年の10月16日の実録記事に『龍飛御天歌』550部を王が分け与えたという記録があるので，少なくともその時までには本の刊行が完了したことがわかる。『龍飛御天歌』は文章単位のハングルを見せてくれる最初の書籍であり，ハングルによる最も古い文学作品であるという点においても重要である。ハングル文献の先駆けとなったこの二つの文献はどちらも木版本で刊行された。

3．1．2．

　最初の諺解本は『訓民正音諺解』である。今日見ることができるのは，1459年（世祖5）の『月印釋譜』の巻頭に収録されたものが最も古いが，1447年（世宗29）の『釋譜詳節』の巻頭にも合わせて合綴されていたと推測されてい

る。漢文原文を句や節の単位で分けハングルで読音と口訣を付けて諺解したスタイルと，諺解文の細かな言語的事実が，『釋譜詳節』序文と『月印釋譜』に収録された『訓民正音諺解』とでは一致しており，合綴されていた可能性を強く示唆する。『釋譜詳節』に収録されていたとすればハングルの銅活字で印刷されていたことになるが，単独で刊行されたかどうかは不明である。

3. 1. 3.

この時期に刊行されたハングル文献の多くは，仏教に関するものであり，すべて王室の事業として編纂，刊行された。最も早いものは1447年刊行の『釋譜詳節』であり，そのすぐ後に続いて刊行されたのが『月印千江之曲』である。二冊とも活字本として刊行され，『釋譜詳節』はハングル活字で印刷された最初の書籍になる。

この二冊は1459年（世祖5）に合編され，『月印釋譜』として再び刊行された。本文の内容の修正と補完がなされているだけでなく，新たに版下を起こして木版本として刊行したものであり，新しいハングル文献ということになる。『釋譜詳節』と『月印釋譜』はその序文によれば漢文を翻訳したものであるが，原典が一緒に収録されておらず，文体も自然な散文に近いという特徴がある。

3. 1. 4.

本格的な仏経の諺解書の刊行は1461年（世祖7）6月刊経都監が設置されてからである。それに先立って『蒙山法語諺解』（1460頃）が木版本として刊行され，校書館から乙亥字[訳注①]を使った『阿彌陀經諺解』（1461頃）と『楞嚴經諺解』（1461）が刊行された。これらは，仏経の刊行事業が王室から刊経都監に移行する過渡期に刊行されたハングル文献の特徴を見せている。

刊経都監から刊行された仏経諺解書は全部で9種類である。1462年（世祖8）の『楞嚴經諺解』を筆頭として，1463年の『法華經諺解』，1464年の『永嘉集諺解』，『金剛經諺解』，『心經諺解』，『阿彌陀經諺解』，1465年の『圓覺經

諺解』，1467年の『法語諺解』，『牧牛子修心訣諺解』まで6年間集中的に刊行された。これらはすべて木版本で刊行された。

　諺解本を刊行するには原文に口訣を付けてハングルに翻訳する手順に加え，諺解文に傍点と東國正韻式漢字音を付けなければならない。創制されてからわずか15年余りの新しい文字で大量の諺解文を書くのは，それほど容易なことではなかったであろう。しかしこれら一連の作業には長い時間はかからなかった。それはこの時代の高僧と学者が大挙して参加し，前の時代から蓄積された仏教学の伝統が確立していたため可能なことであった。それとともに，膨大な人力と財政的な支援に裏付けられてこの事業が成し遂げられたのである。

3. 1. 5.
　この時期に刊行されたハングル文献として，1448年（世宗30）の『東國正韻』と1466年（世祖12）の『救急方諺解』を省くことはできない。『東國正韻』で規定された漢字音は，15世紀末までのすべてのハングル文献の漢字音表記に適用され，その及ぼした影響は非常に大きい。使用されたハングル活字が『訓民正音』のハングルの字形と一致しており注目される。『救急方諺解』は実用書にハングルを使用した最初の書籍になる。

3. 1. 6.
　第1期のハングル文献はすべてが初刊本であると同時に中央の刊行物である。王室と国家機関の主管の下で刊行され，当時の発達した印刷文化の水準をそのまま反映している。この時期の初刊本は今日ではすべて国の指定文化財の資格があると言われるのもそのためである。これらの書籍は特定少数の人々によって編纂，刊行されたので，ハングル表記法や言語事実の面で均質で整った姿を見せてくれる。この時期に刊行されたハングル文献は20種余りにのぼるが，すべて官僚や関連機関にのみ頒賜され，広く流布することはなかった。しかしその多くは，後の時代に多くの寺院で復刻され流布することになり，ハングルの普及とハングル文献刊行の歴史に一定の役割を担ったのである。

3. 2. 第2期（成宗〜壬辰倭乱直前）—ハングル文献の成長期

3. 2. 1.

1471年（成宗2）に刊経都監が廃止された後も王室の支援のもと仏経の諺解は続けられた。1476年に王室が施主となって『觀音菩薩呪經』が木版本で刊行され，1482年には慈聖大妃（자성대비：世祖の妃）の命により『金剛經三家解諺解』と『南明集諺解』が内需司(訳注②)から活字本で刊行された。後の2冊は學祖（학조)(訳注③)の跋文によれば世宗，世祖の時代に翻訳が始まり，体裁面もおおむね刊経都監版の仏経諺解の形式に従っており，刊経都監後継事業の性格を持つ。

1485年の『佛頂心經諺解』と『五大眞言（『靈驗略抄諺解』も合綴)』は体裁面において新しい試みを見せている。それまでの仏経諺解書では漢文原文と諺解文を併せて掲載する方式であるのに比べ，これらの本では諺解文は完全に分離して漢文本の後に付けられる形式になっている。

1496年（燕山君2）には，仁粹大妃（인수대비：成宗の生母）の命により學祖が『六祖法寶壇經諺解』と『眞言勸供諺解』，『三壇施食文諺解』を刊行した。ハングル木活字が使用された点で書誌学的にも貴重であるが，諺解文の漢字に東國正韻式漢字音表記ではない実際の漢字音が付けられており，国語学的にもその価値が高い。

3. 2. 2.

この時期に仏経諺解書の地方版が大量に刊行されたことは，ハングル使用の拡がりの面で注目に値する。地方版は刊経都監諺解本の復刻から始まる。1500年（燕山君6）陜川・鳳棲寺で刊行された『牧牛子修心訣諺解』が地方版ハングル文献としては最初になる。以降，1520年（中宗15）慶尚道安陰長壽寺の『永嘉集諺解』，1523年（中宗18，刊行地不明）と1547年（明宗2，羅州双溪寺）の『法華經諺解』，1553年（明宗8）黃海道心源寺の『心經諺解』，1558年双溪寺の『阿彌陀經諺解』，1575年全羅道安心寺の『金剛經諺解』，『圓覺經

諺解』など刊経都監諺解書のほとんどが全国各地で刊行された。刊経都監版の他にも、『蒙山法語』（1521年，金剛山楡岾寺など）や『月印釋譜』（1542年，広興寺など）なども地方の寺院から刊行された。

地方の寺院で初めて諺解され刊行された仏書も現れた。1522年『別行錄節要諺解』（高山花岩寺）をはじめとして，1545年『父母恩重經諺解』（全羅道完州），1560年『六字禪定諺解』（平安道肅川），1567年『蒙山和尙六度普說諺解』（淳昌鷲岩寺），1569年『禪家龜鑑諺解』（妙香山），『七大萬法』（豊基喜方寺），1577年松広寺と1583年龍仁瑞峯寺の『初發心自警文諺解』などである。[2]

刊経都監版の復刻本は初版本の姿をそのまま再現しようとしたものだったが，板刻と印刷および紙質において初版本に全く及ばないものであった。15世紀の国語を正しく理解していないことによる文字の誤刻や脱刻が多く，とりわけ傍点[訳注④]の場合は著しい。特に地方で初めて諺解されたハングル文献では傍点がほとんど無視されたり完全に省略されている場合が大部分である。しかしこれら仏経諺解書がハングルの普及に果たした役割は決して小さいものではなかった。

3. 2. 3.

この時期には風俗の醇化と教育，文芸の振興のためのハングル文献がたくさん刊行された。教化書として女性教育関連のものが最も先行したのはハングルの主な使用層と関連している。1475年に仁粹大妃が『内訓』[訳注⑤]を編纂刊行し，1490年『三綱行實圖諺解』[訳注⑥]，続いて1514年に『續三綱行實圖』が刊行された。これら教化書は需要が多くその後も何度も重版された。

1481年中国・唐の杜甫の詩を諺解し，活字で刊行した『杜詩諺解』は最初のハングル翻訳詩歌書になる。続いて1483年成宗が徐居正（서거정）らに

---

[2] 特に16世紀中葉にたくさんの仏経諺解書が刊行されたことは，明宗の即位（1545）以降の文定王后（문정왕후：中宗の妃）と僧 普雨による仏教復興政策とも関連している。

命じて『聯珠詩格』と『黄山谷詩集』を翻訳することにしたという記録があるが，現伝本がなく，実際に刊行されたかどうかはわからない。

16世紀に入ると地方でも教化書が刊行された。ハングル文献の地方刊行において最も大きな役割を果たしたのは金安國（김안국キムアングク）である。彼が慶尚道観察使訳注⑦として1518年に地方民の啓蒙のために刊行した『二倫行實圖』，『呂氏郷約諺解』，『正俗諺解』は初刊本として地方で刊行された最初の文献になる。彼の弟金正國（김정국キムジョングク）も黄海道観察使として1519年『警民編諺解』を編纂し刊行した。このうち『二倫行實圖』は『三綱行實圖』の体裁をそのまままねたが，欄上の諺解を純ハングル体に変えている。一方，他の3冊は漢文原文に借字口訣を付け，翻訳は純ハングル体で書かれているという共通点がある。

子供の漢字教育のために，漢字学習書にハングルで訓と音を付けた本が出てきたのもこの時期のことである。1527年の『訓蒙字會』はその最初の本である。特に巻頭の凡例に書かれている「諺文字母」は当時のハングル学習がどのように行われていたのかを教えてくれる。宣祖の時代には『新增類合』（1574年海州版，1576年中央版）と『千字文』（1575年光州版）が地方で刊行され，『石峰千字文』（1583）という別名で中央でも刊行され訳注⑧，朝鮮時代末期まで何度も重版された。

3. 2. 4.

日常生活の実用のためのハングル文献としては，医書の刊行が先行した。すでに前の時期に『救急方諺解』（1466）があったが，より完全な形の救急書である『救急簡易方諺解』が1489年に刊行された。『救急簡易方諺解』は諺解文が純ハングル体でできた最初の本でもある。1497年民間（ソウル）で刊行された木版本『神仙太乙紫金丹諺解』は諺解文に傍点を使用しない最初のハングル文献になる。

16世紀前半には伝染病の予防と治療のためのハングル文献が集中的に刊行された。天然痘治療のための『瘡疹方撮要諺解』（1517），疫病治療のための『簡易辟瘟方諺解』（1525），家畜伝染病の手引書である『牛疫方諺解』（1541），

熱病治療のための『分門瘟疫易解方諺解』(1542) などが，各地で伝染病が蔓延するたびにその対策として編纂された。飢饉克服のための『救荒撮要諺解』(1554) もこの範疇に入れることができる。

農業関連のハングル文献は意外に少ない。1492年の『衿陽雜綠』に穀物名をハングルで記したものがある程度である。諺解書としては，1518年に金安國が農業や蚕業に関する書物を諺解し刊行したと言われるが，伝わっていない。

3. 2. 5.

外国語学習のためのハングル文献の刊行もこの時期に始まった。1492年の『伊路波』では日本の文字の読音表記にハングルが使用されている。古くから用いられてきた中国語学習書である『老乞大』と『朴通事』を1510年代に崔世珍（최세진, チェセジン）が諺解して刊行した『飜譯老乞大』と『飜譯朴通事』は注目に値する。これらは白話文の原文にハングルで中国語の正音と俗音を付けて，それに対する諺解文を載せる形式になっている。ほとんどの諺解書では諺解文は原文の段落単位で載せるのに対し，これらの本では文や節ごとに載せている。外国語学習の効率性を高めるためだが，このような形式は以降の外国語学習書に共通している。

3. 2. 6.

16世紀の末葉になると，儒教の経典の諺解が大々的に刊行されるようになった。経書の翻訳はすでに世宗の時代から推進されていたが，いくつかのハングル口訣書の刊行に終わっていた。全面的な翻訳のためには口訣の確定がまずなされなければならないが，文臣たちの見解が互いに違っていたためである。仏経の諺解よりも儒教経書の諺解が遅くなった理由の一つである。

1518年に『小學』が翻訳されたことがあるが（『飜譯小學』），本格的に経書の諺解事業が始まったのは1585年校正庁が設置されてからである。1588年に『小學諺解』，1590年に四書の諺解すなわち『大學諺解』，『中庸諺解』，『論語諺解』，『孟子諺解』が全て活字本で刊行された。同じ年に『孝經諺解』が弘文

館で編纂され，刊行された。これらは『飜譯小學』と同様に漢文原文にハングルで読音を付けて傍点を打っているが[3]，『飜譯小學』が意訳であったのに対し，翻訳の方式は徹底した直訳であった。校正庁の経書諺解は壬辰倭乱以降続刊される三経の諺解とともに，官撰本としての権威をもって開化期に至るまで各道の監営[訳注⑨]などから何度も重刊された。朝鮮時代のハングル文献の中で最も広く普及し，最も多く読まれた本と言える。経書の諺解書は，漢文使用層にもハングルを普及するのに大きな役割を果たした。

3.2.7.

第2期のハングル文献はハングルの普及に寄与するとともに，それまでの普及の結果の恩恵も受けた。新しく多様なハングル文献が刊行されるとともに，過去の刊行文献の重刊も繰り返し行われた。そのような中で長年の宿願であった経書の諺解が刊行されたが，すべてが完結する前に壬辰倭乱に遭うことになる。戦乱で多くの本が散逸し，第1期と第2期に刊行された本は，今日まで伝わるものは多くない。これらの書籍が公立私立の図書館で貴重本として扱われている理由でもある。

3.3. 第3期（壬辰倭乱〜景宗）―ハングル文献の変動期

3.3.1.

戦乱以降校正庁が再び設置され，1606年に『周易諺解』，1613年に『詩經諺解』，そして『書傳諺解』の刊行が完了した。前の時期の『四書諺解』と全く同じ体裁で編纂されたが，傍点はなくなった。戦乱で多くの書籍が失われ，入手が難しくなったことから，重要な書籍について重版本が刊行された。ハング

---

[3] これらは初刊本としては傍点を持つ最後の文献となる。原文にハングルで読音を付け傍点を打つことは，原文の読誦とともに規範的な漢字音を学べるようにしようという編纂意図が反映されたものである。

ル文献としては，『四書諺解』(1611〜1612)，『内訓』(1611)，『龍飛御天歌』(1612)，『訓蒙字會』(1613)，『四聲通解』訳注⑩ (1614) などがこのとき再び刊行された。これらは木版本あるいは訓錬都監木活字訳注⑪で刊行されたが，用紙や印刷の質は前の時期に比べてずっと落ちる。

3. 3. 2.

戦後の復旧の過程において現実に必要とされたのは，医書，救荒書であった。この時期のハングル医書の編纂に大きな役割を果たしたのは侍医の許浚(허준)である。許浚の編纂により1607年『諺解救急方』，翌年に『諺解胎産集要』と『諺解痘瘡集要』が刊行された。これらはすべて内医院から木活字で刊行した後，ただちに復刻され広く配布された。前の時期に刊行された『簡易辟瘟方諺解』が1613年内医院から，『牛疫方諺解』が1636年海州でそれぞれ重版された。1653年には既存の辟瘟方の医書を編纂し，諺解した『辟瘟新方諺解』が刊行された。救荒書としては，1639年に金堉(김육)が『救荒撮要』と『辟瘟方』を合体し諺解した『救荒辟瘟方諺解』を，1660年には申洬(신속)が自身の書いた『救荒補遺方』を『救荒撮要』に合体した『新刊救荒撮要諺解』をそれぞれ刊行した。

3. 3. 3.

戦乱で乱れた民心を掴み，道徳心を鼓吹することも急を要することであった。1617年『東國新續三綱行實圖』の刊行はその代表的な事業である。壬辰倭乱以降，旌表訳注⑫を受けた孝子，忠臣，烈女の行跡を数多く追加するとともに，それまでの行実図諺解書と異なり諺解文を本文の中に入れるなど，体裁も変わった。また，生活礼法の整備のために，朱子の『家禮』を諺解した『家禮諺解』が1632年江原道原州で刊行された。1658年には李厚源(이후원)が『警民編諺解』を刊行したが，これは初刊本，重版本が失われたため，漢文の筆写本から新たに翻訳したものである。

3. 3. 4.

　壬辰倭乱と丙子胡乱の戦乱を経て，兵学書の諺解本がこの時期に初めて登場した。壬辰倭乱の時期に『武藝諸譜諺解』が編纂され1598年に刊行され，1610年にこの本から抜け落ちた内容を含めた『武藝諸譜飜譯續集』が訓鍊都監から刊行された。軍事訓練教範の『練兵指南諺解』も1612年咸興で刊行されたが，訓鍊都監から刊行されたものに比べ，諺解は純ハングル体となっているが，版刻は粗い。『兵學指南諺解』が1649年に刊行され，その後も多くの復刻本と重版本が刊行された。1693年に刊行された『陣法諺解』は，本文に漢文原文がなく純ハングル諺解文のみでできており，特異な体裁となっている。火薬製造法と火薬武器に関する『火砲式諺解』が1635年に『新傳煮取焰焇方諺解』と合体して刊行され，『新傳煮硝方諺解』が1698年に軍器寺訳注⑬から刊行された。

3. 3. 5.

　戦乱以降，周辺国家との外交の重要性が高まるに従って外国語学習書も数多く編纂，刊行された。司訳院から通事養成のための教材として編纂された中国語学習書が前の時期に続いて主流をなした。前期の『飜譯老乞大』と『飜譯朴通事』を参考にして『老乞大諺解』（1670）と『朴通事諺解』（1677）が，1721年には明時代の中国語学習書として『五倫全備諺解』が初めて刊行された。中国語の辞典『譯語類解』も1690年に刊行された。

　壬辰倭乱と丙子胡乱を契機に，日本語と満州語の学習の強化が求められた。日本語の学習書としては，1676年に校書館から刊行された『捷解新語』訳注⑭がその最初の対訳書となる。『捷解新語』は康遇聖（강우성カンウソン）が1630年頃に編纂したものだが刊行は遅くなった。満州語の学習書として『八歳兒』，『小兒論』，『三譯總解』，『清語老乞大』も1704年に刊行された。

3. 3. 6.

　この時期には戦乱でしばらく中断していた経書諺解事業が完了するととも

に，特に実用的な目的のための医学書，救荒書，教化書，外国語学習書などのハングル文献が集中的に刊行されたことをその特徴とする。戦後の復興のために不可欠な本がハングルで刊行されたことは，ハングル文献の役割と位置付けがそれだけ高まったことを示している。これはハングルが公的な領域は別として，文字生活において一定の役割と位置を占めるようになったことを示すものである。

3. 4.　第4期（英祖～正祖）―ハングル文献の隆盛期

3. 4. 1.

　この時期に入ると，特に教化書の重版事業が活発になった。まず1726年（英祖2）から1730年にかけて，『三綱行實圖』，『續三綱行實圖』，『二倫行實圖』などの行実図類の諺解本が，全面的に翻訳し直されて各道の監営から刊行された。これは1581年の改訳本とともに行実図類の諺解書の歴史において時代を画するものとなった。1581年版も新しい翻訳であったが[4]，以前の版と同様に意訳であったのに比べ，これらは原文を直訳したものとなっている。1797年『三綱行實圖』と『二倫行實圖』を合体して新しい翻訳と体裁で『五倫行實圖』が刊行された。

　英祖の時代に『内訓』と『小學諺解』が全面的に改編されたことも注目に値する。それぞれ1737年と1744年に活字で刊行されたが，『御製内訓』，『御製小學諺解』とも呼ばれ，それ以前のものと区別される。前者は第一巻のタイトルも『御製内訓』となっているが，以前の重版本に比べて翻訳の文体と語彙などが相当に異なっている。後者は原文を修正するとともに諺解文はさらに直訳（逐語訳）となっている。以降開化期に至るまで何度も刊行され広く流布した『小學諺解』はすべてこの『御製小學諺解』を底本にしたものである。

---

[4]　『三綱行實圖』と『續三綱行實圖』の上部に書かれた諺解文が国漢文混用体から純ハングル体に変わったのは，1581年版からである。

3. 4. 2.

新たに編纂刊行された教化書も多かった。1737年に刊行された『女四書諺解』は前の『御製内訓』と同様に英祖の命により編纂刊行された女性教養書である。また英祖が皇太子と後世の王への教訓である『御製常訓諺解』(1745)と『御製訓書諺解』(1756)，民を訓諭するための『御製警民音』(1762)と『御製百行源』(1765)も刊行された。中国の古典から徳行の模範となる事例を選んで編纂した『種徳新編』(1758)が諺解され刊行されたのもこの頃のことである。

英祖の王位継承の正当性を明らかにした『闡義昭鑑諺解』(1756)，正祖の即位の前後の時期の謀逆事件を明らかにし，忠道を教えようとした『明義録諺解』(1777（正祖1））や『續明義録諺解』(1778)など，単に教養と教化の範囲を超えて政治的事件を知らせるための本がハングルでも翻訳刊行されたことは，この時期のハングル文献の多様性を示している。

王が官僚や民に与えた訓諭文書である『綸音』を諺解した『綸音諺解』が特にこの時期に多く刊行されたことは，特筆すべきである。1757年の『戒酒綸音』をはじめとして，正祖の時代だけで『曉諭綸音』(1776)，『濟州大靜旌義等邑父老民人書』(1781)など24種の綸音諺解が刊行された。特に正祖は国政運営の手段として綸音とその諺解を多く頒布したが，漢文本『綸音』と『綸音諺解』は分冊できる形になっていて，純ハングル体でできている諺解文の冊子は，ハングル専用書籍の早い時期の姿を見せてくれる。

3. 4. 3.

前の時期の外国語学習書が改訂され再び刊行されたり，新たに刊行されたこともこの時期の特徴の一つである。

中国語の学習書としては『老乞大』類が何度も改訂された。まず，前期の『老乞大諺解』が一部修正され1745年平安監営から重版された。続いて，新たに編纂した『老乞大新釋』を諺解した『老乞大新釋諺解』(1763)が校書館から，『重刊老乞大』を翻訳した『重刊老乞大諺解』(1795)が司訳院からそれぞ

れ刊行された。漢文本『朴通事』の内容を修正した『朴通事新釋』を諺解した『朴通事新釋諺解』も 1765 年に平安監営から刊行された。辞典としては，前の時期の『譯語類解』の補足と修正を加えた『譯語類解補』が 1775 年に出た。

日本語の学習書としては，第 3 期に刊行された『捷解新語』がこの時期に二度改訂された。最初の改訂本『改修捷解新語』が 1748 年に，二度目の改訂本（不伝）は 1762 年頃（推定），またこの二次の改訂本を重版した『重刊改修捷解新語』が 1781 年に刊行された。その他にも『隣語大方』が 1790 年に，日本語の辞典である『倭語類解』も 1780 年代初めに刊行されている。

モンゴル語学習書のハングル翻訳の刊行はこの時期が初めてである。『捷解蒙語』が 1737 年に，『蒙語老乞大』が 1741 年と 1766 年に，モンゴル語の辞典『蒙語類解』が 1768 年に司訳院からそれぞれ刊行されたが，いずれも伝わっていない。これらを 1790 年に方孝彦（방효언〈パンヒョオン〉）が改訂し刊行したが，同時に『蒙語類解』の補編も刊行された。

満州語の学習書としては，前の時期に刊行された学習書を改訂した『新釋清語老乞大』（1765），『重刊三譯總解』（1774），『新釋八歳兒』（1777），『新釋小兒論』（1777）が刊行された。辞典としては 1748 年の『同文類解』と，1779 年頃の刊行と推定される『漢清文鑑』がある。

3. 4. 4.

兵学書としては軍事調練の指針書として何度も重版された『兵學指南諺解』が正祖の命により 1787 年に壮勇営から再び刊行された。この本は，先行の重版本に比べて体裁が整っており，その後各地方の兵営で復刻され広く使用された。1790 年には総合武芸書である『武藝圖譜通志』（漢文本）が編纂され，その諺解である『武藝圖譜通志諺解』が刊行された。法医学書である『増修無冤録諺解』も 1796 年に刊行され，翌年，地方の監営からも新たな木版本として刊行された。

3. 4. 5.

　実学思想に基づいた音韻学とハングル研究を背景に，多くの韻書[訳注15]が編纂刊行された。1747年に朴性源（박성원）が編纂し刊行した『華東正音通釋韻考』は漢字ごとに中国音と朝鮮音をハングルで表音したが，このような方式の韻書としては最初の本になる。1751年，洪啓禧（홍계희）の『三韻聲彙』は，同一の韻に属する漢字の配列をハングル字母の順にして，わが国で利用しやすいようにしている。正祖の命により李德懋（이덕무）らが編纂し1796年に刊行した韻書『奎章全韻』はわが国の韻書の決定版として，その後中央と地方で何度も重版され広く通用した。これとともに刊行された『全韻玉篇』も，以降わが国の玉篇[訳注16]編纂の標準となった。

3. 4. 6.

　この時期は，最も多くの諺解書が刊行された時期であるが，その他のハングル文献も少なくない。量的にだけではなく，様々な分野でレベルの高いハングル文献が多く編纂刊行されたことは，ハングルの使用層がそれだけ厚くなったことを物語るものでもある。歴史上しばしば英祖・正祖の時期を朝鮮の文芸復興期と呼ぶが，これはハングル文献の場合も当てはまる。日常の実用から学術目的に至るまで，漢文使用層においてもハングルを完全に排除した文字生活を想像するのが難しくなったのである。また多様で整った活字と木版による素晴らしい印刷技術は朝鮮時代初期のそれをもう一度見せてくれているようである。

3. 5.　第5期（純祖～甲午改革）―ハングル文献の変革期

3. 5. 1.

　この時期に中央で新たに諺解し刊行した本は非常に少ない。1839年の『斥邪綸音諺解』をはじめとする綸音の諺解が3種類あるだけである。諺解書の大部分は重版本である。そんな中で，19世紀後半になって道教の一系統の関聖教系の書籍が10種近く諺解され刊行されたことが目立っている。1852年『太

上感應篇圖說諺解』が刊行されて以降，1876年『南宮桂籍諺解』，1880年『三聖訓經諺解』，『過化存神諺解』，1883年『關聖帝君明聖經諺解』などが続けて刊行された。

3. 5. 2.

　朝鮮時代末期のハングル文献として坊刻本の占める比重は小さくない。坊刻本は民間で販売を目的として刊行したものなので，その本に対して幅広い読者層があることを前提とする。したがって坊刻本は漢字学習書，教養書，実用書などが主流をなしている。ハングルの坊刻本は1804年ソウル廣通坊で刊行された『註解千字文』と翌年の『新刊増補三略直解』などがその初期のものだが，これらは全て以前に刊行された本の重版本である。坊刻本の中で特に多く刊行されたのは小説類であった。坊刻小説はソウルでは1840年頃から，全州では1850年頃から盛んになったが，前者では1840年の『林慶業傳』が，後者では1857年の『趙雄傳』が最も早い刊行として知られている。坊刻小説は版刻と印刷が粗いが，純ハングル体の本を地域に大量に流布させたことでハングル文献の新たな局面を開いた。

3. 5. 3.

　この時期の後半にキリスト教の関連書籍がハングルで刊行されはじめたことも，ハングル文献刊行の歴史の新たな転換点となった。18世紀からカトリック書籍の翻訳がなされていたが，刊行は1864年の『天主聖教功課』，『省察記略』，『神命初行』などの教理書が最初になる。これらは坊刻小説と類似した版式の木版本であった。以降1883年に『聖教鑑略』，1892年から1897年にかけて『聖經直解』が新式鉛活字で刊行され，その後も続けて重版された。
　プロテスタントの書籍は中国の瀋陽で初めて刊行された。1881年に宣教師ロス（J. Ross）と徐相崙（서상륜）らが文光書院から，日本の横浜で鋳造したハングル活字で『イエス聖教要領』，『イエス聖教問答』を新式印刷機で刊行したのが最初である。その翌年からは『イエス聖教路加福音全書』，『イエス聖

教聖書ヨハネ福音全書』などの福音書を翻訳刊行し始め，1887年には最初のプロテスタント新約聖書である『イエス聖教全書』を完刊した。

　初期のカトリック，プロテスタントのハングル本は全て漢文本を翻訳したものだが，漢文は付けずに純ハングル体だけでできている。しかし内容の面では従来の諺解文の擬古的な翻訳体が見られ，体裁の面でも特に初期プロテスタント本では「神様，イエス，主」など畏敬の対象を表す単語の前にスペースを空けるいわゆる台頭法が使用されたものもあり，これらも伝統的なハングル文献の延長線上にあることを教えてくれる。

3．5．4．

　これまでハングル文献の中心となってきた諺解書はこの時期で姿を消すことになる。道教書の諺解は，その最後の姿であった。ハングル文献はすでに新たな変革の道に入っていたのである。坊刻小説と西洋宗教書の出現は，中央の官版が主導してきた印刷文化の退潮とともに，民間が主導するハングル文献の大衆化の幕開けとなったものと言える。ハングル文献が徐々に歴史の前面に出る準備をしていたのである。

IV.　まとめ

　以上，我々はハングル創制から甲午改革までに刊行されたハングル文献を対象として，その歴史を五つの時期に区分して，各時期別に刊行の傾向と刊行された文献の特徴を探った。その流れを簡単に整理すると次の通りである。

　第1期はハングル文献の揺籃期（1443～1469）として，王室と国家機関による仏経の翻訳書がその主流をなした。第2期は成長期（1470～1592）であり，この時期から地方でも仏経と教化書の諺解書が刊行されるようになり，中央では儒教の経書が諺解され刊行されるようになった。第3期は変動期（1592～1724）として，壬辰倭乱以降に必要とされた実用的な目的のために兵学書，医学書，外国語学習書などが集中的に刊行された。第4期は隆盛期（1725～1800）

だが，朝鮮の文芸復興期の名にふさわしく，多くの分野で様々な種類のハングル文献が刊行された。第5期は変革期（1801～1894）であり，坊刻本の小説などの民間による出版が盛んに行われ，キリスト教の書籍が翻訳され大量に刊行される一方で伝統的な諺解書が退潮し，それまでの時期とは異なる新たな変革の姿を見せたのである。

訳　注

① **乙亥字**　1455年，姜希顔の字体を字本として作られた銅活字。
② **内需司**　朝鮮時代，宮中で使う米，布，雑貨，奴婢など王室財産を管理する役所。
③ **學祖**　世祖の時代の高僧。王命による仏経の刊行などを行った。
④ **傍点**　中世韓国語で音節の高低アクセントを示すために文字の左側に打った点。
⑤ **内訓**　女性が守るべき礼節や法度をまとめた教化書。中国の『烈女傳』，『小學』などから要約した。
⑥ **三綱行實圖諺解**　1434年刊行の『三綱行實圖』を諺解したもの。『三綱行實圖』は，世宗が命じて作らせた儒教の道徳書で，君臣，父子，夫婦間で守らなければならない道理を忠臣，孝子，烈女を選んで，図と漢文で説明したもの。
⑦ **観察使**　朝鮮時代，各道に派遣された地方行政の責任者。長官。
⑧ **千字文（光州版），石峰千字文**　初めてハングルで読みを付けた千字文。書堂などで漢字の基礎学習に用いられた。『石峰千字文』は名筆家であった韓石峰が写字したもので書道の教材としても用いられた。
⑨ **監営**　各道に置かれた観察使の駐在する役所。
⑩ **四聲通解**　申叔舟（신숙주）の編纂した漢字音字書である『四聲通攷』に崔世珍が文字の解釈を加えて編纂し，1517年に刊行した韻書。
⑪ **訓鍊都監（훈련도감）木活字**　壬辰倭乱の後に鋳字印刷の機能が失われ，1668年戊申字が鋳造されるまでの間使われた訓鍊都監が作った木活字。字体には甲寅字体，庚午字体，乙亥字体，甲辰字体，丙子字体などがあった。
⑫ **旌表**　朝鮮王朝は三綱を実践した者に対して礼曹の管轄のもとに表彰を行ったが，これを旌表と言う。
⑬ **軍器寺**　兵器を製造した役所。

⑭ **捷解新語** 康遇聖が著した日本語の学習書。ひらがな漢字混じりの会話体の日本語にハングルで音注と対訳を付けた。
⑮ **韻書** 漢字を韻によって分類した字書。
⑯ **玉篇** 辞典の一つ。漢字を字画によって分類し，音と意味を付したもの。

参 考 文 献

国立国語研究院(1996~99)『국어의 시대별 변천・실태 연구(国語の時代別変遷・実態研究)(1~4)』.
盧孤樹(1981)『韓國 基督教 書誌 研究』, 芸術文化社.
ソウル大学校奎章閣(2001)『규장각 소장 어문학자료(어학편 목록서지・해설)(奎章閣所蔵語文学資料(語学編目録書誌・解説))』.
안병희[安秉禧](1983)「國語史資料의 整理를 위하여:基本資料의 選定 및 複製와 관련하여(国語史資料の整理のために:基本資料の選定および複製に関連して)」,『韓国学文献研究の現況と展望』, アジア文化社.
─── (1985)「諺解의 史的 考察(諺解の史的考察)」,『民族文化』11, 民族文化推進会.
─── (1992)『國語史 資料 研究』, 文学と知性社.
─── (1998)「刊經都監의 諺解本에 대한 研究(刊経都監の諺解本についての研究)」,『僧侶月雲師古希記念仏教学論叢』, 東国訳経院.
柳鐸一(1989)『韓國文獻學研究』, アジア文化社.
李崇寧(1978)「諺解 事業의 時代的 傾向에 대하여(諺解事業の時代的傾向について)」,『民族文化』4, 民族文化推進会.
이창헌(2000)『경판방각소설 판본 연구(京板坊刻小説板本研究)』, 太學社.
이호권[李浩權](2006)「諺解와 諺解書의 史的 考察(諺解と諺解書の史的考察)」,『韓国放送通信大学校論文集』42.
─── (2008)「조선시대 한글 문헌 간행의 시기별 경향과 특징(朝鮮時代のハングル文献刊行の時期別傾向と特徴)」,『韓国語学』41, 韓国語学会.
鄭光(1988)『司譯院 倭學 研究』, 太學社.
정재영[鄭在永]他(2000)「정조대의 한글 문헌(正祖の時代のハングル文献)」,『文献と解釈社』.
千惠鳳(1991)『韓國書誌學』, 民音社.
최현배[崔鉉培](1961)『고친 한글갈(修正版ハングルガル)』, 正音社.
홍윤표[洪允杓](1993)『國語史 文獻資料 研究(近代篇Ⅰ)』, 太學社.
─── (1994)『근대국어연구(近代国語研究)(Ⅰ)』, 太學社.
江田俊雄(1934)「朝鮮語訳仏典に就いて」,『青丘学叢』15.
小倉進平(1940)『増訂 朝鮮語学史』, 東京:刀江書院.

10

言語文化史から見た訓民正音とハングル*
― 文字とその機能のイデオロギー的属性を中心として ―

李商赫（이상혁）
_{イ サンヒョク}

Ⅰ．はじめに

　文字は，音声言語と同様に基本的に意思疎通の手段であるとともに，それを用いる人々の文化が凝縮されたものである。人間の思想，感情などを記録の形態で伝承するという側面において保守性を堅持すると同時に，時代性も反映する。特定の時代，特定の文明で発生し，変化する文字は，そうした意味において基本的にイデオロギー的[1]であると言えるのである。ある人は文字を運用す

＊ この論文は2008年度韓国語学会国際学術大会で（高麗大学校仁村記念館）発表したものを，『韓国語学』41（2008）に掲載した後，修正して再録したものである。特に訓民正音の名称のイデオロギー的属性に関連した部分は，他の論文で別に扱うこととし，大幅に省略して一部のみを本文に反映した。

[1]「言語には様々な制約が加えられるが，それらは必ずしも言語的制約だけではない。（中略）社会的次元で他の制約がある。これは厳密な意味で言語的なものとは距離の遠い様々な制約だが，これをイデオロギー的と呼ぶことができる」（オリヴィエ・ルブール，『言語とイデオロギー』，1994，홍재성・권오룡 訳）。「イデオロギー」という用語は，哲学者 Destutt de Tracy が1796年に論文で初めて使用したもので，草創期には思考力についての科学的分析を意味する学問的概念の一つであり，形而上学や心理学に対立する概念として実証的精神科学と同義語であった。

る主体, すなわち人間のイデオロギー的属性にのみ注目し, 文字のイデオロギー的属性を否定したり, 言及の対象にしない。しかしわが国の歴史において文字は, その使用主体の意識に対応して時代ごとに異なった役割を果たしてきただけではなく, 文字自体が時代とともに変化し交替して, そのイデオロギー性を示してきたのである。

そのような意味からすると, 訓民正音は, 新しい文字の制定と普及という側面から見れば韓国語の使用主体による努力と実践の所産であると言えるが, 同時に, 文字として内在している社会性と時代の流れと密接に関係せざるを得ないのである。したがって, 「訓民正音」という文字を, 国語史あるいは言語史的観点から文字論の要素のみを用いて把握するのでは不十分である。この問題は, 訓民正音という文字が歴史の中で果たしてきた具体的な機能と関連し, 訓民正音以来の名称の変遷に見られる「ハングル (Hangeul, Korean Alphabet)」のイデオロギー的属性とも密接に結びついていると考えられる。

したがって本稿ではまず, 文字が本質的に有するイデオロギー的属性という見地から, 訓民正音という文字とその機能および名称について検証することにする。またこれを補足する意味で訓民正音が歴史上の事実 (historical fact) とどのような関係があるのかについて明らかにしたい。これは訓民正音を言語文化史的な観点[2]から眺めることであると同時に, 韓国語学史を文字についての意識史という観点から検討しようとするものである。

---

[2] 言語文化史的な観点とは, 言語が単に意思疎通の道具であるという観点ではなく, 言語が歴史的に特定の文化共同体の言説を媒介し, その言説に従属するという観点であるというのが筆者の見解である。

II. 本論

1. 文字の本質と韓国語学史に見る文字のイデオロギー的属性

　一般に文字は情報の保存の形式であると同時に，時間的，空間的制約を克服できる情報伝達の形式である。自然に習得する音声言語とは異なり，文字は規則を学習する必要がある記号体系でもある。少なくとも理論上は文字で記録して保存できる情報の量には限界がない。したがって情報を保存するという観点から見る限り[3]，すべての文字は同等の価値を持つ。すなわちイデオロギーから自由である。そのため情報の伝達と記録という側面から見ると，文字の初期的形態である先史時代の壁画をはじめとして，絵文字，象形文字，表意文字，音節文字，表音文字の間には本質的な違いは存在しないと言える。したがって文字は基本的に価値中立的である。

　しかし，歴史的に見ると，使用の主体と目的という二つの要素と関連するとき，文字はその属性を異にすることがある。まず特定の階層のみの享有物であった漢字，特定の目的で使用された借字表記はイデオロギー的属性を持つことを前提としないわけにはいかない。すなわち階級的，目的的な特性を持つことから逃れられないということである。それに照らしてみれば，韓国語を表記するというハングルの属性にも，韓国の歴史においてイデオロギー的に機能してきた側面があることを否定するのは難しい。

　古代国語の時代，漢字はどのような存在だったのだろうか。金敏洙（김민수，1980）においてすでに言及されているように，当時の言語生活は漢字を基

---

[3] 筆者の見解に対して，文字が持つ情報の保存能力が異なるため，イデオロギー的属性が認められるとする考え方もある。筆者としてはこの考えに同意しないものではないが，ここで言及した文字情報の保存は，その文字を使用する主体の意思と関係のない部分に限定して記述したものである。

盤とする国際的な漢文主義が[4] 大勢を占めた時期であった。自分たちの固有の文字を持たなかった我々は，話し言葉と書き言葉の不一致を克服できないまま，当時東洋を支配した漢文主義に呑み込まれ，従属することになった。記録言語としての文字によって規定される人文秩序が，東洋の文化的な権威の象徴である漢文イデオロギーに全面的に覆われた時代であった。しばしば主張されるような言語帝国主義ととらえるのは無理があると考えるが，その時代の文化的秩序に編入されていく過程で漢文が持つヘゲモニー[5] は否定できない。

その過程において，韓国語を表記する手段として郷歌（향가）訳注①の表記に用いられた郷札（향찰）訳注②は，借字表記として当時の最も完全な表記体系と評価されているが，その享有層は知識人や宗教者に限られていた。[6] こうした状況の中で，古代韓国語の時代には，国際的に強力な支配力を伴った漢文という普遍的言説を認めざるを得なかった一方，その体制に組み込まれた古代韓国語では，独自の借字表記が漢文を補完するとともに対立的役割を遂行していたと規定せざるを得ない。すなわち，漢文（漢字）と借字表記との間のイデオロギー的関係が成立すると措定することができるのである。

したがって，国際的な漢文主義と借字表記の局地性の間に葛藤が存在したという点で，古代韓国語において文字のイデオロギー性は無視できない。それとともに郷札に代表される借字表記でさえその享有層が限定されていたという点において，その当時の文化を表徴する漢字と借字表記はともに階級的葛藤，民族的葛藤を内包していた。そのような意味で，文字は情報伝達と保存という価値中立的概念を持つものでもあるが，歴史的にイデオロギー的属性とも無関係

---

[4] 金敏洙（1980）の「崔行歸（최행귀）の言語理論」においては「言語の普遍性，漢文の国際性，母語の膠着性，漢文の対外的効用性」などを抽出し，東洋のラテン語としての性格を持つものとして，10世紀当時の漢文の国際性を強調している。

[5] その様相と程度の違いはあるが，漢文は古代韓国語，中世韓国語，近代韓国語の時期に至るまでその支配力と影響力を発揮してきたのである。

[6] 当時郷歌の作者が僧侶や貴族などに限定されていたことからも，この事実を十分に推察することができる。

ではないという点を強調しておきたい。

　高麗時代になると，外国語の重要性が強調され，翻訳と通訳は重要な国家的業務と位置付けられ，特定の階層が翻訳と通訳に当たることとされた。訳官の任務がそれであったが，この階層は貴族や両班(ヤンバン)とは異なる階層であった。同じ漢字漢文を受け入れる観点においても，貴族階層では文化的言説と関係しているのに対し，訳官たちの階層にとっては漢文というのはあくまでも実用上，外交上必要とされたものであった。こうした観点の相違は，外国語としての漢字漢文が持つイデオロギー的属性であると理解できる。そして依然として一般大衆は文字から疎外されていたのであった。

　まさにこの地点から「訓民正音」は様々な言語学的背景及び当時の人文学的背景の上に[7] 誕生することとなった。しかしこの新しい文字もやはり，中世から近代までの時期を通して，それ自体，あるいはその名称と関連して，イデオロギー的性格を脱することができなかった。以下で詳述することにする。

---

　[7] 訓民正音誕生の歴史的必然性については，世宗の卓越した言語学的見識による創造物であるとする以前に，性理学の発展，中国声韻学の導入，民衆からの文字の欲求への対応など，様々な歴史的背景も合わせて考慮しなければならない。姜萬吉(강만길(カンマンギル)，1977)，李佑成(이우성(イウソン)，1976)などもこのような見方に立っている。

　李佑成（1976）においては，姜信沆(강신항(カンシナン)，1967)をハングル創制の目的に関する国語学界の見解であると紹介し，訓民正音創制に関する歴史的背景が同時に説明されなければならないと強調した。そして朝鮮王朝の政治的，社会的構造と結びつけて，当時の国家政策としての訓民政策と，訓民政策遂行のための国字制定の不可避性について述べている。このような歴史学界の立場から「訓民正音」のイデオロギー的意味が明らかになることがある。

　国語学界でもこのような見方からの簡単な言及がある。金敏洙（1980）においては，1431年に偰循(설순(ソルスン))が王命を受けて行った『三綱行實圖（삼강행실도）』の編纂は世宗の独自の創案であり，そこには二つの意図が含まれていたと分析している。三綱を強調したことは，統治の正当性を明らかにしようとしたもので，『龍飛御天歌（용비어천가）』の創作と結びついており，また，そこに図を入れることにしたのは，愚民の教化を意図したものであり，訓民正音の創制と繋がっているとしている。

2.「訓民正音」の歴史的機能とイデオロギー的対立

「訓民正音」について我々は,「民を訓える正しい音」という翻訳(漢字の持つ意味)によって理解しがちである。しかし一般的には「訓民正音」とはまず(その名前を持つ)文字のことであり,同時にその解説書である『訓民正音』解例本[8]のことである。もちろん訓民正音は漢字音と固有語表記の手段として表音的性格を持っており,「民を訓える正しい音」という理解が間違いというわけではなく,極めて妥当である。しかし,「訓民正音」はそうした語彙の逐字的意味を超えて,言語文化史的に理解する必要がある。

2.1 漢字と借字表記を克服した訓民正音の中世的特性

1443年[9]に新しい文字が制定されて以来,人々の文字生活において文字の使い方は三つのパターンに変化した。一つは,漢文至上主義に立脚した伝来の表記慣習,二つ目は,借字表記[10]の定着と普及によってもたらされた表記方式,そして三つ目に,表音主義に基づく新しい文字と漢文の併用表記および漢字音の正音表記に分けることができる。こうした状況の中に「訓民正音」が内包している二つのイデオロギー的側面を発見することができる。

一つは漢字と借字表記を克服した新しい文字としての訓民正音である。訓民正音が作られるまで,文字表記の方式は漢字あるいは借字表記であった。漢字が果たせない役割を担った借字表記は漢字のアンチテーゼ(Antithese)である。漢字中心の文語表記を補完するとともに,互いに矛盾するものとして借字

---

[8] 『原本訓民正音』または『漢文本訓民正音』とも言う。

[9] 訓民正音の創制は,韓国では陰暦を基準に1443年と見るのに対して,北朝鮮では陽暦を基準に1444年と認識している。癸亥年陰暦12月が陽暦では1月であることによる。細かい部分ではあるが,歴史的事件の時期をどのような基準で見るべきかについての議論も歴史を見渡す視点として重要である。

[10] ここで言及する借字表記は吏読と口訣の両方を含む。

表記が存在していたのである。[11] しかし訓民正音は二つの対象の矛盾を止揚するという次元において，統合（Synthesis）の性格を持っていると言える。新しい弁証法的統合という側面から訓民正音はその存在意義を説明することができる。文字が一般的に持つ表意性と表音性の二つの属性の間の葛藤がもう一次元高い表音文字としての訓民正音に統合されたということができるのである。こうした統合をもたらすこととなった背景については鄭麟趾（정인지）の『訓民正音解例』後序から確認することができる。

　　昔，新羅の時代に薛聰（설총）が初めて吏読（이두）を作り，今日に至るまで官庁や民間でこれを使用している。しかしこれは全て漢字を借りて用いるものなので，ある時は難しくある時は詰まり，非常にいい加減なばかりでなく，日常の言語を書く場合にはその万に一つも到達できないのである。[12]

これまで見てきた通り，漢字の保守性と吏読の不便さ（非実用性）の間の葛藤は，訓民正音創制の必然性を裏付けるものとなった。同時にその新しい文字は，「民を訓える正しい音」という翻訳が示すように，「民」「訓える」「正しい」という語彙が表すイデオロギー的意味を持つことになったのである。訓民

---

[11] 崔萬理（최만리）の上疏文を見ると，その意義を確認することができる。「新羅の時代に薛聰（설총）が作った吏読は，たとえ粗末で田舎くさくても，すべて中国で通用する文字を借りて，語や助詞に用いるため初めから漢字と離れてはおらず，下っ端の役人や下僕の連中までも，必ずこれを習おうとするならば，まず漢文の本を何冊か読んで少し漢字を知った後で吏読を用いるので，吏読を用いる者はすべからく漢字に頼ってこそ意味に到達することができるので，吏読によって漢字を知る人は甚だ多く，漢文を振興させるのに役に立つ。(新羅薛聰吏讀雖爲鄙俚然皆借中國通行之字施於語助與文字元不相離故雖至胥吏僕隸之徒必欲習之先讀數書粗知文字然後乃用吏讀用吏讀者須憑文字乃能達意故因吏讀而知文字者頗多亦興學之一助也)」〈崔萬理等「諺文創制反対上疏文」，1444〉

[12] 昔新羅薛聰始作吏讀官府民間至今行之然皆假字而用或澁或窒非但鄙陋無稽而已至於言語之間則不能達其萬一焉〈訓民正音解例〉

正音の使用主体は，漢字の享有層である貴族，そして吏読の使用者である中人階層を抜け出して，「民」に統合されるのである。

ここで「民」とは，文字を知らない平民のみを意味するのではなく，貴族，中人階層と一般平民をすべて包含する概念である。既存の漢字と借字表記享有層という階層的イデオロギーから解放されて，全国民的，あるいは全階層的性格を帯びた文字であるという点において訓民正音はその時代の階級秩序に反するイデオロギー的特性を持つ。

しかし依然として，為政者（支配者）と被支配民という図式においては，中世封建社会の君主と民というイデオロギーを内在している。「訓える」という言葉はそれを象徴している。「訓える」対象は「民」であり，必然的に為政者の立場からの啓蒙的，儒教的イデオロギーが作動しているのである。そのような意味において訓民正音はやはり中世の国家の枠の中にとどまっている文字と見ることができる。

したがって訓民止音は，基本的に新しい文字としてその時代の特定の階層を超越した「民」のために作られた統合的存在であるが，依然として為政者の立場から啓蒙と訓育の対象として民を見ているという点において中世の秩序に組み込まれた文化的記号体系としての文字である。啓蒙と訓育という目的のために最も効率的な文字が訓民正音だったのである。そのような意味において「訓民正音」のイデオロギー的属性を見出すことができるのである。

2．2　漢字音表記と訓民正音の従属性

　高麗時代以降中国から頻繁に輸入され復刻もされてきた韻書は，中国漢字音をいわゆる両字表音法[13]の方式で示していた。それは漢字音をほかの漢字二字

---

[13] 一般的に「反切法」と呼ぶ。漢字の字音を二つの漢字で表し，最初の漢字が声母，二つ目が韻母を表す方式である。漢字音を読む方法はこれ以外にも，対象漢字音と同じ漢字音を持つ別の漢字をあてて対象漢字音を読む「単字表音法」がある。

で表記するシステムであった。しかしそのような漢字音表記は中国で通用する韻書には適合するものであっても，当時朝鮮で通用するには煩わしいものであった。結局，訓民正音創制を契機に，正音表記法が両字表音法に代わって大勢になった。

　しかしこの段階で，両字表音法に代わって漢字音の発音表記手段となった訓民正音は，韻書においては，その機能的側面から見て漢字に従属したものであった。これは漢字に対して補完的な役割を果たす訓民正音のイデオロギー的属性である。『洪武正韻譯訓』における中国漢字音の正音表記や，中国原音に近く表記しようとした『東國正韻』における当時の朝鮮標準音の正音表記は，訓民正音という文字が発音転写手段として機能した代表的な事例である。訓民正音のこのような機能は，一般平民のためではなく，識者層のためのものであったという点においてそのイデオロギー性を示している。

　また，「訓民正音」すなわち「民を訓える正しい音」の「正しい」という言葉に込められた規範的イデオロギーに注目しなければならない。訓民正音の表す音は「正しい」音であった。間違った漢字音を表す手段ではないのである。現代国語の標準発音法が各地域の方言の発音に対して正しい音を規定する規範性を持つのと同様に，この新しい文字は「正しい音」という面で，漢字音の発音についての当時の言語政策的イデオロギーが込められた表記手段だったのである。

　結局，訓民正音は漢字や借字表記に対立すると同時に，漢字（音）を補完し，従属するという位置で機能したイデオロギーの象徴であり，記号であったという点を強調しておきたい。そのイデオロギーは，当時の朝鮮時代の言語文化的支配を反映した，啓蒙的，儒教的であると同時に，規範的で中世的なものであった。したがって本稿では，一般平民の専有物として訓民正音を位置付け，そうした点からイデオロギー性を見ようとする観点を，止揚したいと考えている。

2．3　抵抗と疎外の象徴としての訓民正音

　創制当時の訓民正音は，世宗の意思に合わせて，中世的秩序に対応した様々な機能を担当していた。訓民正音が徹底して中世的秩序に適合していたことは，創制前に起きた一つの歴史上の事件と関係している。1428年（世宗10）に起こった尊属殺人事件[14]は，儒教のイデオロギーを強調した『三綱行實圖（삼강행실도）』の編纂[15]につながることになった。1475年（成宗6）にその諺解が公刊されたことで，訓民正音は，民に儒教の価値と理念を広めようとしていた当時の為政者たちの統治イデオロギーの手段となったわけである。訓民正音は一般平民のための文字でもあったが，（少なくとも15世紀には）中世的な意味での意思疎通の道具だったのである。

　しかし16世紀になると，訓民正音は政治史的事件と関連して試練を受けることとなった。それは燕山君[訳注③]の時代のいわゆる「諺文禁圧（언문금압）」[16]に起因する。学界では通例，「諺文匿名書事件」を諺文禁圧によって処理した燕山君の強圧的政策[17]によって，諺文の使用と普及が萎縮したことが強調される。

　一方，姜信沆（강신항，1990）は，燕山君は自ら諺文を使用しており[18]，諺文使用禁止令は諺文匿名書の犯人を逮捕するための暫定的な措置に過ぎず[19]，燕山君によって諺文の普及上，または国語学史上大きな阻害を受けたという根

---

[14] 1428年（世宗10）9月27日，晋州の民，金禾（김화）が父親を殺害する事件が起こり，その事実を報告された世宗は儒教的価値が毀損されたために起きたと判断したのである。

[15] 世宗の命によって，1431年に偰循が著した本である（注7（p.195）を参照）。

[16] 1504年に発生したこの事件についての詳しい研究は，姜信沆（1990）に載録された「燕山君の諺文禁圧に対する疑問」を参考のこと。

[17] 諺文禁圧の内容は，1）諺文の学習および使用禁止，2）諺文を知る者の指摘告発，3）諺文書籍の焼却，4）諺文の筆跡調査などであった。

[18] 1504年（燕山君10）に暦書を諺文に翻訳，1505年（燕山君11）には祭文を諺文に翻訳させた。

[19] 燕山君が諺文をずっと禁止したという記録はない。

拠がないという見解を発表し，学界の通説に反論を提起した。

　しかしながら，いわゆる「諺文禁圧」が一時的措置であったとしても，先代の王が自ら創制した訓民正音の普及を力で止めようとしたということは否定できないであろう。それは明らかに意思の疎通の道具に対する弾圧であった。一方，民の立場から見れば，正音を使った匿名の投書という形式は下から不満を表明する意思伝達の手段だったのである。

　したがって，依然として漢字が支配していたこの時代に，匿名の投書者の立場から見るとハングルは抵抗の象徴であった。その反面，燕山君の立場から見ると，「全国民」的文字であるハングルを全面的に否定することはできず，自分でもその文字を使って政策を繰り広げたのだが，それが民によって占有されることは中世的イデオロギーに照らして認めることができなかったのである。このように，民の立場から見ると，燕山君の諺文禁圧政策は結局は抵抗の産物であったのであり，その結果ハングルの使用を禁じられたという点で疎外の原因でもあった。訓民正音がイデオロギーと無関係ではないことを示しているのである。

2.4　「陽」の勢力として登場する訓民正音

　中世韓国語の時期（朝鮮時代前期）の訓民正音は漢字の陰に隠れた「陰」の勢力であった。世宗が創制したにもかかわらず，イデオロギー的に見ると，中世における文化的言説の中心部ではなく周辺に存在した，文字のアウトサイダーであった。それにもかかわらず，宮中であれ街中であれ，最終的には「陽」の勢力として浮かび上がることが運命づけられていたのである。壬辰倭乱と朝鮮時代後期の実学時代を経る中で訓民正音が徐々にその役割を変化させていったことは，李奎象（이규상）訳注④の以下の言及に見ることができる。

　　各国の諺書は陰に属する一方，昔から伝えられてきた漢文は陽に属すると言える。各国の文章（科文）もまた陰に属し，先人の文章（義理文）は

陽に属する。そのような理由から最近諺文と科文は各地で伸張しているのに対して古字，古文は各地で次第に衰えている。東方のある地域における毎日の消長の形勢を観察してみれば，近いうちに諺文がこの地域で最も優勢な（公行）文字になるであろう。今は諺文で書かれる公文書は少ないが，公吏文字（公文書作成に使われる吏読文）で正しい書き方がわからない場合，時には諺文で間に合わせてしまうことがなくはないという，それが兆候である。事事物物どの物や事をとっても陰が勝たないものはない。[20]

　この文章が示すように，李奎象は昔から伝わった漢字を「陽」に，各国の諺文を「陰」に属するものと認識していた。また，諺文がわが国において広く使われていることを指摘し，近いうちにその諺文がこの地域の公行文字になるであろうと言及している。すなわち漢字（漢文）は衰退し諺文は伸張するということである。李奎象は，諺文の伸張とは単に文字としての権威が高まるだけではないことを認識していた。公行文字とはすなわち公用文字という意味であり，公用文字はその言語共同体の規準となる文字であるとする点で，彼の認識は非常に近代志向的である。
　かつて安自山（안자산）は「諺文」という名称は「決して野卑なものではなく，今や適切な意義になった」と述べている。[21] 現在我々が「諺文」という単語を否定的意味に受け取るのは，「諺」という漢字の逐字的意味から抜け出せ

---

[20] …各國諺書可屬於陰古來蒼頡製字可屬於陽也　各國科式文可屬於陰古人義理文可屬於陽也　故諺文科文到處倍筴　古字古文到處漸縮　如持東方一域而日觀於其消長之勢則不久似以諺文爲其域内公行文字　即今域有諺文疏本者云若公移文字難書倉卒者不無副急間間用諺文者此其兆矣　物物事事無一物一事之不陰勝者　　　〈世界説, 『漢山世稿』巻23, 一夢稿 雜著〉
　李奎象の文集『一夢稿』の中の「世界説」というタイトルの文の後半部分の一部である。民族文学史研究所漢文学分科訳（1997）『18世紀朝鮮人物誌―并世才彦録』（創作と批評社）において李奎象の著作についての 林熒澤による書評の中で提示されている。
[21] 安自山（1938）「諺文名稱論」，『正音』26, 朝鮮語学研究会.

なかったということだけではなく，この文字に対する過去の否定的な言動や弾圧を後世の一部の保守的識者層が誤って継承してしまったためであると筆者は考える。筆者は，朝鮮時代後期の文献に登場する諺文についての表現は必ずしも常に訓民正音を否定的に見たり蔑んで呼んだわけではなかったことを指摘したことがある。[22]

ただし，朝鮮時代後期の文献では，諺文という概念には当時の社会の特定階層すなわち女性と子どものための文字であるというイデオロギーが付されていた。[23] それは，保守的識者層の意識における「諺文」の持つもう一つの言語文化史的な意味であり，イデオロギーであった。

上で述べた李奎象の文字意識に関して次の２つのことを指摘しなければならない。まず，李奎象が当時の文字生活の状況を経験的に正確に知っていたということである。すなわち，漢文本位の同文主義や現実に広まっている漢文主義の傾向が次第に勢いを弱めている一方，諺文が頻繁に使われるようになっていることを彼は認識していたのである。第二に，そのような現実についての認識とは別に，彼がわが国の公用文字は漢文ではなく諺文になると，近代志向的な文字使用の様相を的確に予見していたということである。

李奎象の認識の根底にあったのは，諺文を漢字と対立するものとしてとらえたイデオロギー的認識である。漢字の権威に押さえつけられ，その位置付けを高めることができずにいる文字としての「諺文」という意識であり，文字使用の面での陰陽の交代というイデオロギー的予見だったのである。すなわち，近いうちに「諺文」こそが「国字」になるということである。李奎象の予見と上記のその解釈に照らしてみれば，19世紀末までは「諺文」は漢字と対立する文字の象徴であり，陰のイデオロギーを持つものであったことが明らかなので

---

[22] 李商赫（1998），李商赫（2004）の5，6章を参照のこと。
[23] 世宗大王製訓民正音……書之甚便 而學之甚易 千言萬語 纖悉形容 雖婦孺童駿 皆得以用之 以達其辭 以通其情 此古聖人之未及究得 而通天下無所ся也…〈申景濬『訓民正音韻解』1750〉，若註以諺文 傳之久遠……文章必尚簡奧 以簡奧通情 莫禁誤看 諺文往復 萬無一疑 子無以婦女學忽之〈柳僖『諺文志』1824〉

ある。

2.5 近代啓蒙期および日本統治時代の「ハングル」の拡がりと挫折

　陰の勢力から陽の勢力へと交替した近代啓蒙期の訓民正音は「国文」であった。[24] 民族と国家の概念が導入されたこの時期に，訓民正音はもはや新しい文字ではなく公式文字としてその位置を確立したわけである。依然として漢字の威力は大変なもので，国漢文混用の大きな流れがこの時代を支配していたが，純ハングルで作られた独立新聞の誕生は，訓民正音が陽の勢力であることを立証するものであった。西洋の文化の導入がハングルの位置付けを新しくする契機ともなったのである。

　ハングルという呼び方は1913年3月23日に初めて登場し，現在まで最も一般的かつ公式に使われるわが国の文字の名称である。高永根（고영근, 1994）は「ハングル会の歩み（한글모 죽보기）」において次のように紹介している。

　　（檀君紀元）4246年3月23日（日曜）午後1時，臨時総会を私立普成学校内で開催し，臨時会長周時經先生が登壇する……本会の名称を「ハングル会（한글모）」と改称し，……

　これは「倍達言葉会（배달말글몬음,ベダルマルグル）」[訳注⑤]と呼ばれていた朝鮮言文会の創立総会を記録したもので，「倍達言葉（배달말글）」から「ハングル（한글）」に変わったことがわかる。従来，金敏洙（1977）により，「ハングル」という表現が初めて現れるのは『少年読本（아이들보이）』誌（1913.9創刊）の「ハン

---

[24] 公文書の形式についての勅令は1894年11月21日に以下のように公布された（法律勅令總之國文爲本漢文附譯或混用國漢文（勅令 第一号 第十四条））。この勅令は翌年の1895年5月8日になって次のように再び公布されたが，その文体は国漢文混用であった。
（法律勅令은다國文으로써本을삼고漢譯으로附하며或國漢文을混用흠）

グル（文字）あそびうた（한글풀이）」欄であるとされていたが，これより6か月早く使われていたことが明らかになったのである。[25]

また崔鉉培（최현배, 1961）は，「ハングル（한글）」の「ハン（한）」を「韓」という意味だけでなく「一，大，正」も意味するとした。その場合，「ハングル（한글）」の「ハン（한）」は単一民族の言葉，偉大な言葉，そしてまた歴史的に「訓民正音」と繋がる正しい言葉とも解釈することができるのである。しかし「ハングル」の名称が誕生した歴史を考慮すれば，「大韓帝国（대한제국）」の「韓（한）」を取り，そこに「文字（글）」を付けた形である蓋然性が高い。したがって，この見方からすれば，ハングルが愛国主義的イデオロギーをまとっているという点については否定せざるを得ない。

김슬옹（2005）は「ハングル」の名称の誕生を違う視点から見ている。近代に入って，諺文が「国文」であることが宣言されたが，その後日本が「国語」の地位を奪ったため「諺文」は「朝鮮文字（조선글）」と位置付けられるしかなかった。「諺文」も「朝鮮文字」も受け入れることができなかった周時經（주시경）をはじめとする言語近代主義者たちによって，訓民正音の理想主義と諺文の大衆性を統合した「ハングル」という新しい用語が登場することになったと述べている。ただし，「ハングル」の中に訓民正音の理想主義があったという側面については，多少疑問がある。

また，歴史学界の一部には近代啓蒙期の「大韓帝国」という国号がむしろわが国の領域を韓半島に限定しようとする意図で決められた名前であると主張し，「ハングル（한글）」の「ハン（한）」も「三韓（삼한）」の「韓（한）」であるため，その名称は民族全体を表すものではないとの主張もある。北朝鮮が

---

[25] 高永根（1994）は，「ハングル（한글）」は「한の国の文字（한나라글）」から「나라（国）」を省いて作ったのは間違いないとする。「倍達言葉（배달말글）」から「ハングル（한글）」に変わった理由は，音節が短くなる発音の経済性に加えて，「한」は，古くは「三韓（삼한）」から近くは「大韓帝国（대한제국）」までを想起させ「한말（韓国語）」にも使われていたこと，そして「글（クル）」だけでも話し言葉と文字の両方を包括することができることから，当時「한글（ハングル）」という名称を選択したと主張している。

持つ「ハングル」という名称への拒否感などと関連して注目すべき見解であると考える。

　この時代のわが国の文字のイデオロギーについては2つの解釈が可能である。第一に，西洋の宗教の流入によって，聖書などのハングル翻訳が盛んに行われたが，これは西欧の宗教のイデオロギーがハングルと絶妙に結合した事例である。近代の主流であった西洋の視点から見ると，漢字は不便なものだったのである。そのような意味において，「訓民正音」から近代的に名称を変えた「ハングル」は，「国文」という国家的イデオロギーをまとっていたのと同時に，西洋に象徴される近代性と連動した側面があった。ハングルが陽のイデオロギーの象徴になったのである。

　もう一つは，最初のハングル新聞『独立新聞』の創刊（1896）の持つ歴史的意義の一方で，そのすぐ後に，英語という新たに登場した言語による『独立新聞』英文版[26]が刊行されるようになった事実に注目したい。「国文」の地位を得たハングルの国家的・近代的属性が示されるようになった一方で，独立新聞の「独立」とは19世紀末においてどのような意味を持ったのであろうか。結論付けるのは慎重でなければならないが，その独立は「from China to America」ではなかったかという歴史的視点である。この時代の「ハングル」は，前近代からの解放を象徴する存在であるとともに，近代的西欧イデオロギーと西欧帝国主義への編入を象徴していると見ることもできるであろう。

　近代啓蒙期とは異なり，日本統治時代の「ハングル」は「国字」としての地位を失った。植民地統治支配による当然の帰結であり，その名称も前近代的な「諺文」「朝鮮文字」に格下げされ，「朝鮮語（Korean）」の位置付けも「国語」ではなく「方言」に転落した。帝国主義に編入されてしまった一地方の文字と言語としてその位置付けは地に落ちてしまったのである。

　不本意な位置付けの失墜によって，帝国主義に対立する語文民族主義のイデ

---

[26] 1897年1月1日からは『独立新聞』の英語版『The Independent』がハングル版とは別に編集され，発行された。

オロギーと出会い，ハングルが本来の姿に立ち返ったことは注目に値する。例えば総督府の定めた「語文綴字法」に対して，朝鮮語学会が「ハングル正書法統一案」をまとめたことは，ハングルという名称に注いだイデオロギー的視線と一致するのである。すなわち，日本統治時代における語文民族主義が，文化の象徴としての「ハングル」の位置付けを守ろうとするイデオロギー的抵抗として表れたものとして理解することができるのである。しかしそのハングルは民族の解放とともに南の「ハングル (한글)」と北の「朝鮮文字 (조선글 (문자))」[27] に分断される。[28] それはわが国の文字におけるもう一つのイデオロギー的分裂なのである。

本稿の締めくくりにあたって，補論として，言語文化史および韓国語学史の視角に関連する洪允杓 (홍윤표, 2008) の見解を紹介したい。筆者は，韓国語史の地平を広げなければならないというその見解に同意するものである。

　　国語史研究の主な目標は，各時代の言語体系の変化を記述することだと言われるが，実はその変化に現れる国語表現の様式の変化を明らかにすることでもある。そこからさらに進んで，**そのような言語体系を持っている各時代の言語に内在している考え方やその変遷を精神史的な事実として理解することである**。これが本当の韓国史としての国語史研究の主な目標ということができる (もちろん大部分の国語学者たちは言語体系自体にのみ執着し，この主張に全く同意しないだろうが)。言い換えれば，**我々の先祖が国語という道具を通じて我々の歴史にどのような秩序をどのように与えたのかという人間精神作用の変遷史を説明することが**，国語史研究の本

---

[27] 「朝鮮文字 (조선글)」の名称は，日本統治時代に使用された「朝鮮文字」とその内包する意味が異なると考える。日本帝国主義者の視線から見た帝国の辺境としての「朝鮮 (조선)」と，わが民族の固有の名称として「古朝鮮 (고조선)」および「李氏朝鮮 (이씨 조선)」を包括した「朝鮮 (조선)」の意味は互いに違いがあるのである。

[28] 解放以降の「ハングル」の位置付けの変化とそのイデオロギー的な問題 (ハングル簡素化法案，ハングル専用の問題など) は本稿の議論から除外することにする。

領なのである。

III. 結論

　本稿では，訓民正音について，文字や文字の機能，名称などに浸透しているイデオロギー的属性について，言語文化史的観点から検討してきた。文字は，基本的には価値中立的であるが，歴史的に，その使用主体と目的によって果たす機能と連動してイデオロギー的にならざるを得ないということを，訓民正音から，諺文，ハングルへと名称が変化する過程を通して提示した。

　21世紀に入り，ハングルは重要な韓国のシンボルとなった。その根底には，ハングルによって自他を区別する韓国人の潜在的な意識があるように思われる。我々は，韓国語をイメージするときとハングルをイメージするときとでは，意識の層位を異にする。韓国語とは異なる角度から，ハングルは我々の文化的属性を表す韓国固有の象徴として存在感を高めている。これは英語公用化の是非についての最近の論争とはまた別の，21世紀を特徴づける文化現象の一つであると考える。

　一方，ハングル文字を基盤とするインターネット時代の新しい言語が，オンラインの世界で新たな勢力を築きつつある。ネットユーザーたちによってオンラインイデオロギーが流布しているのである。また携帯電話に代表されるいわゆる「親指族」の道具となっているハングル文字メッセージも，この時代の文化的イデオロギーの一端として理解できるであろう。結局このような現象は，言語の文字は本質的にその言語文化史的側面，すなわちイデオロギー的属性と離れては存在できないことを示すものなのである。

訳　　注

① **郷歌**　主に新羅時代に作られた定型詩。三国遺事に14首，別に均如の作った賛歌11首

の計 25 首が今日伝わっている。
② **郷札**　郷歌の表記に用いられた漢字による韓国語表記法。漢字の音と訓を利用しており，体言や用言の語幹のような実質的な部分は訓読字，助詞や語尾など文法的な機能を担う部分は音読字である。
③ **燕山君**　第 10 代国王。在位 1494～1506（廃位）。
④ **李奎象**　18 世紀の学者。当時の識者たちの伝記集である『一夢稿』を著した。
⑤ **倍達**　朝鮮の建国神話における最初の国の名前。民族の名称としても使われる。

参 考 文 献

강만길 [姜萬吉] (1977)「한글 창제의 역사적 의미 (ハングル創制の歷史的意味)」,『創作と批評』44, 創作と批評社, p.203-215.
강신항 [姜信沆] (1990)『訓民正音研究』, ソウル：成均館大学校出版部.
고영근 [高永根] (1994)『통일시대의 語文問題 (統一時代の語文問題)』, 図書出版キルボッ.
김민수 [金敏洙] (1980)『新國語學史 (全訂版)』, ソウル：一潮閣.
─── (1985)『註解訓民正音 (4 版)』, ソウル：通文館.
김슬옹 (2005)『조선시대 언문의 제도적 사용 연구 (朝鮮時代の諺文の制度的使用研究)』, ソウル：韓國文化社.
─── (2007)「훈민정음 창제 동기와 목적에 대한 중층 담론 (訓民正音創制の動機と目的についての様々な議論)」,『社会言語学』15-1 (韓国社会言語学会), p.21-45.
김윤경 [金允經] (1938)『朝鮮文字 及 語學史』, 京城：朝鮮紀念図書出版館.
民族文学史研究所 漢文学分科訳 (1997)『18 세기 조선 인물지-병세재언록-(18 世紀朝鮮人物志─幷世才彦錄─)』, ソウル：創作と批評社.
안자산 [安自山] (1938)「諺文名稱論」,『正音』26 (朝鮮語学研究会).
이상혁 [李商赫] (1998)「언문과 국어의식 (諺文と国語意識)」,『国語国文学』121, p.55-73.
─── (1999)「문자 통용과 관련된 문자 의식의 통시적 변천 양상 (文字通用と関連した文字意識の通時的変遷の様相)」,『韓国語学』10, p.233-257.
─── (2004)『훈민정음과 국어연구 (訓民正音と国語研究)』, 図書出版：ヨンナク.
─── (2006)「훈민정음, 언문, 반절, 한글의 역사적 의미 (訓民正音, 諺文, 反切, ハングルの歷史的意味)」,『訳学書と国語史研究』, ソウル：太學社, p.487-508.
이우성 [李佑成] (1976)「朝鮮王朝의 訓民政策과 正音의 機能 (朝鮮王朝の訓民政策と正音の機能)」,『震檀學報』42 (震檀學會), p.223-230.
林榮澤 (1997)「이규상과『병세재언록』(李奎象と『幷世才彦錄』)」,『18 世紀朝鮮人物志』, ソウル：創作と批評社.
정광 他 (1997)『국어학사 (国語学史)』, 韓国放送通信大学校出版部.
홍윤표 [洪允杓] (2008)「국어 어원 연구에 대한 관견 (国語の語源研究についての管見)」,『第 46 次 韓国語学会 全国学術大会 発表集』.
홍재성・권오룡訳 (1994)『언어와 이데올로기 (言語とイデオロギー) (올리비에 르불 지음 (オリヴィエ・ルブール著))』, ソウル：歷史批評社.

訳者あとがき

　本書は，2008年8月，「ハングル」をテーマに韓国・ソウルで開催された，韓国語学会主催の第2回国際学術大会で発表された70編の論文の中から，10編を選んで収録した『세계 속의 한글』（図書出版パギジョン，2008）を翻訳したものである。

　韓国語学会は，韓国で1985年に設立され，韓国語の音声学，音韻論，形態論，統語論，意味論など韓国語学全般に関する研究を幅広く行っている学会であり，この国際学術大会には，韓国国内のみならず日本，ドイツ，中国，オーストリア，アメリカ等からも韓国語学の専門家が集った。

　当日は，「ハングル」に関して，その歩んできた歴史や世界における拡がり，デジタル時代を迎えてのこれからの新たな可能性，各国におけるハングル研究の紹介など，韓国の文化の象徴ともなっている文字「ハングル」の過去，現在，未来について様々な角度から論じられた。私は当時，高麗大学校大学院国語国文学科修士課程に在籍しており，聴衆の一人として参加して，改めて「ハングル」という文字の魅力を感じたものだった。

　日本に帰国して翻訳の仕事を始めるにあたって，真っ先に翻訳しようと思ったのが，その時の発表論文をまとめたこの『세계 속의 한글』であった。初めは，言語学の専門家たちの論文を正確に翻訳し切れるかと，正直なところ不安にも思ったものだったが，幸運なことに韓国文学翻訳院の翻訳支援対象に選んでいただき，それを励みに翻訳作業を進めた。

　10人の論者の方々の専門分野は多様であり，その切り口も様々で，まさに原文と格闘しながらの翻訳作業であった。大会当日に配布された全発表論文の詳細が収録された分厚い冊子は，各著者の意図をより正確に把握して翻訳を進める上でとても参考になった。

　そのような中，第4章の著者で，学会に招かれて発表をされた麗澤大学名誉教授の梅田博之先生（麗澤大学前学長，東京外国語大学名誉教授）に翻訳原稿

をご覧いただき，ご教示をいただけたことは本当に幸せなことだった。日本における韓国語学の第一人者でいらっしゃる梅田先生から直接のご指導を受けられたことは，私にとって何にも勝る貴重な経験であり光栄なことだった。先生には，本書の日本での出版についても大変お力になっていただき，感謝の気持ちで一杯である。深く謝意を表したい。

　第1章の著者である当時の韓国語学会会長，洪宗善先生（高麗大学校教授）と私の指導教授だった崔鎬哲先生（高麗大学校教授）には，翻訳作業中にもお目にかかり，参考資料を頂くとともにいろいろとご指導いただいた。

　本書の出版にあたっては，大正大学名誉教授の倉島節尚先生にご著書のご執筆にお忙しい中お力添えをいただき，このように出版が実現される運びとなったことに，心からの御礼を申し上げたい。

　また，出版に際しては，三省堂の関係者の方々にも大変お世話になった。特にご担当の石塚直子さんには，ハングルの古文字や図表も丁寧にチェックして丹念な編集作業をしていただき，感謝している。

　最後に，翻訳作業中，細かい疑問について相談に乗ってくれた高麗大学校の先輩や友人たち，そして，私を励まし続けてくれた家族にも感謝の言葉を伝えたい。

　本書が，世界でもユニークな隣国の文字，15世紀に創制されて以来，時代や地域によって，あるいは使う場面や人によっても違った顔を見せる「ハングル」の奥深さを，読者の方々に少しでもお伝えできれば幸いである。

　　　2015年12月

　　　　　　　　　　　　　　　　　　　　　　　　　　矢　島　暁　子

索　　引

ア

アイデンティティ	37, 40, 45-47, 69, 77, 85, 89
阿比留文字	53
雨森芳洲	50, 52
新井白石	50
安尚秀（アンサンス）	45
安自山（アンジャサン）	202
安秉禧（アンビョンヒ）	143
李翊燮（イイクソプ）	151
李基文（イギムン）	83-85, 152
李奎象（イギュサン）	201-203
イジャンヒ（이장희）	99, 103
医書	176, 179
泉井久之助	57
イデオロギー的属性	191-199, 208
伊藤東涯	50, 52
李鳳雲（イボンウン）	146, 147
イメージタイポグラフィ	11
伊路波	177
韻會	73
印刷活字	39, 40
韻書	184, 198, 199
陰陽	20, 67
陰陽五行	20
陰陽の交代	203
韻略諺文	52
ウェイ（ㅣ）	146, 152, 153, 157
ウェイパッチム	146, 148, 151-153, 156
梅田博之	60, 61
燕山君	170, 200, 201
小倉進平	51, 56
小田幾五郎	52
小田管作	52
音韻（的）特性	58, 59
音節構造	88
音素的表記	143, 153, 155, 157
音読口訣（文）	112, 113, 115, 120, 136
諺文	50-52, 126-130, 200-208
諺文禁圧	200, 201
諺文志	147, 152
諺文字母	51, 52, 145, 148, 150, 151, 176
諺文書	151, 159

カ

外国語学習書	177, 180-182, 186
外来語	121, 122, 133
各自並書	133, 147
學祖→ハクチョ	
貸本屋	132
活字原図	40
活字デザイン	35
活字本	2, 172, 174, 177
可読性	3-8
カトリック書籍の翻訳	185
假字本末	53
カリグラフィ	7, 11
カリグラム	8
刊経都監	2, 170, 172, 174, 175
韓国学	29, 76, 83, 99, 100
韓国語科	27, 29, 75-78
韓国語教育	19, 25, 27-31
韓国語教育院	25
韓国語世界化財団	28
韓国語能力試験（TOPIK）	28, 30
漢字学習書	176, 185
漢字語	109, 119, 121, 122
漢字語体	119-121
姜信沆（カンシナン）	200
神字日文傳（かんなひふみのつたえ）	53
官版	186

漢文主義	194, 203	言語生活	94, 96, 99, 101, 105, 111, 136
韓流	23, 26, 29	言語文化史的な観点	192, 208
韓流戰略研究所	9	言語変化	101, 155
基礎ハングル教育	145, 149, 153	諺書	201
機能的タイポグラフィ	8	洪→ホン	
金安國（キムアングク）	176, 177	公行文字	202
金相文（キムサンムン）	40	口訣	105, 112-120, 131, 172, 173, 177
金周源（キムジュウォン）	57	口訣文字	110
キムスロン（김슬옹）	205	甲午改革	169-171, 186
金湃一（キムブイル）	60	口語体と文語体	117, 118
金敏洙（キムミンス）	193, 204	合字法	141, 143, 156
客館璀粲集	51	校書館	172, 180, 182
救急方諺解	173, 176	校正庁	177, 178
救荒書	179, 181	講談師	132
宮書体	38	口頭語	110-115, 120, 136
宮体	2, 7, 134	講読師	132
教化書	2, 175, 176, 181, 182, 186	河野六郎	57
郷札	194	洪武正韻譯訓	73
金→キム		合用並書	133, 134
金属活字	4, 15	五行（説）	67, 68
クヮ（과），グゥオ（궈）行	151-153, 157	国語学史	94
訓民正音（解例）		国語教育	154-157
	2, 67, 73, 74, 133-136, 171, 173, 204-208	国語史	94-100, 103, 104, 106, 192, 207
訓民正音諺解	171, 172	国際音声記号	74
訓民正音原本	36	国字	203, 206
訓蒙字會	145, 148, 150-152, 176, 179	国文	204-206
訓鍊都監	179, 180	國文正理	146, 147, 164
経書の諺解	177, 178	ゴシック体	41, 42, 44
形態音素的表記	155, 157	古小説	96, 131, 132, 135-137
激音と濃音	20	国漢（文）混用（体）	
月印釋譜	2, 123, 124, 171, 172, 175		130, 132, 136, 169, 181, 204
月印千江之曲	2, 124, 172	言葉（話す言葉）と文字（書く文字）	
諺解（書）	2, 116-120, 169, 172-187, 200		94, 95, 97, 102-106, 108, 114, 136
諺解の過程	116	語文生活（史）	93
諺解文	115-120, 135, 136, 169-182, 186	語文綴字法	207
諺簡	96, 98, 103, 105, 115, 119, 128-135	語文民族主義	206, 207
諺簡体	115	固有語	119-122, 130, 133, 196
原型保存	35	固有語と外来語と外国語	121
言語環境	102-105, 109	高永根（コヨングン）	204
言語教育	27	コリアタウン	68, 81

五倫行實圖	38, 132, 181	書堂	69, 149
昆陽漫録	50, 51	申叔舟（シンスクチュ）	50, 73
		神代文字	53

サ

崔 → チェ		正音表記（法）	196, 199
在外韓国学校	25	制字原理	20
三韻聲彙	152, 184	声道	60
三韓紀略	50, 52	旌表	179
三綱行實圖（諺解）	175, 176, 181, 195, 200	世宗（大王）	19, 22, 67, 73, 74, 113, 174, 177, 200, 201
サンスクリット語	85, 90	世宗御製序文	113, 121
子音字（母）	20, 21, 133-135	全一道人	50, 52
識字率の向上	21	千字文	145, 176
四書諺解	178, 179	創製	2, 19-22, 35, 50, 53, 73, 74, 110-115, 119-121, 130-136, 169, 197-201
四聲通解	73, 75	薛聰（ソルチョン）	197
実験的タイポグラフィ	8	宋基中（ソンギジュン）	21
字母	2, 3, 20, 21, 30, 51, 52, 58, 88, 133-135, 143, 156, 184		

タ

借字口訣	112	対角線調和	57
借字表記（法）	105, 193-199	太極	10, 67
釈読口訣	112, 113	タイポグラフィ	1-3, 6-10, 15
釋譜詳節	2, 124, 171, 172	多元一体	70, 72
写真植字（機）	42-44	脱四角形の書体	6
周 → チュ		縦の調和	57
15行反切	151, 152	束ね書き（方式）	2-6, 143, 156
終声パッチム	145-148, 153, 156	崔正浩（チェジョンホ）	3, 41-43
自由タイポグラフィ	7	崔世珍（チェセジン）	51, 74, 75, 151
周波数分析	61	チェビ体	46
14行反切（表）	145, 151, 153	崔鉉培（チェヒョンベ）	150, 205
16行反切（表）	145, 153, 156, 157	崔萬理（チェマルリ）	197
順読口訣	113	チェモム（제몸）パッチム	147, 153
純ハングル体	176, 180, 182, 185, 186	池錫永（チソギョン）	155
趙 → チョ		中原（ちゅうげん）音韻	74
捷解新語	63, 180, 183	中国（語）音	73, 74, 122
象形原理	67	中国語学習書	177, 180
象胥紀聞	50-52	鋳造活字	35, 39, 42
象胥紀聞拾遺	51, 52	周時經（チュシギョン）	88, 155, 204, 205
書芸体	3, 7	朝鮮諺文	151, 160, 165
書写語	110-115, 119, 120, 136	朝鮮漢字音	122
女性教育関連（文献）	175	朝鮮語	206
書体	1-8, 15, 42-47, 108, 121, 122, 133-135		

朝鮮國諺文	52
朝鮮國諺文字母反切二十七字	51, 52
朝鮮族	68-72, 77-81, 109
朝鮮文字	205-207
趙東一（チョドンイル）	95, 98, 103
鄭麟趾（チョンインジ）	133, 171, 197
連ね書き	6
鄭→チョン	
帝国主義	206
綴字改革	87
デジタルハングル博物館	104
篆書体	133
天地人	19, 20
東雅	50
道具	97, 100-108, 113, 200, 201, 207, 208
東國正韻	73, 116, 124, 173, 199
東國正韻式漢字音	53, 54, 173, 174
同文主義	203
同胞社会	69, 72, 77, 80
同胞文化	71
独立新聞	204, 206
杜詩諺解	175
トドゥム体	3, 7

ナ

内訓	175, 179, 181
中村庄次郎	52
七種字母箋	51
鉛活字	42
南留別志	50
二言語話者（bilingal）	30
二中歴	49
日本語の学習書	180, 183
入力性	5
入力方式	4, 5
濃音	147, 148, 156
農業関連のハングル文献	177

ハ

倍達言葉	204

朴慶緒（パクキョンソ）	3, 39, 40
朴昌遠（パクチャンウォン）	20
學祖（ハクチョ）	116, 174
パスパ文字	90
パタン（基礎）体	3
8 終声	145, 146, 151
8 終声 15 行	152
8 終声 14 行	142, 152, 157
パッチム字	141-145, 151-157
パッチム法	143, 145, 146, 153
服部四郎	56, 57
ばらし書き（方式）	4-6
ハングル会の歩み	204
ハングル学校	25
ハングル活字	41
ハングル河圖起源論	73
ハングル教育	80, 141-143, 148-150, 154-157
ハングルコミュニティ	80
ハングル正書法統一案	207
ハングル専用	120, 130-133, 136
ハングル第一主義	72
ハングルデザイン	9-12, 14, 15
ハングルの起源	84-86
ハングルの構造原理	3
ハングルの字幕	7
ハングル碑文	53
ハングルフォント	4
ハングル文化	4, 12, 14, 15, 80
ハングル文字盤	42
韓在永（ハンジェヨン）	30
反切合字	145, 146, 151, 152
反切表	51
パンソリ	125, 132
筆記具	4, 36, 39
日文（ひふみ）四十七音	53
表意性	197
表意文字	4, 10, 21
表音性	197
表音文字	74

表記法	6, 141, 143, 155, 156
表現様式	103-105
表出形式	102, 104, 105
標準発音法	199
平田篤胤	53
フォント	7
符号口訣	112
附字	51
仏経諺解書	170, 172, 174, 175
プロテスタントの書籍	185
文化基礎体	3
兵学書	180, 183, 186
ヴェーダ詠唱者	90
白斗鉉（ペクトゥヒョン）	93, 98, 103, 145, 148
ベントン活字彫刻機	40, 41, 44
母音字（母）	5, 6,19, 21
母音体系（中世韓国語の）	58, 59
母音調和	57, 59, 62
方言	109, 110, 114, 199, 206
坊刻小説	171, 185, 186
坊刻本	132, 185, 187
傍点	173, 175, 176, 178
訪問就業制	78
朴→パク	
ホジェヨン（허재영）	98
洪啓禧（ホンゲヒ）	152, 184
梵字	51
飜譯朴通事	75, 177, 180
飜譯老乞大	74, 75, 177, 180
洪允杓（ホンユンピョ）	207

マ

松本克己	56, 57
満州語の学習書	180, 183
万葉仮名	56
民族学級	27
民族教育	69
民族文化	21, 70, 71, 77, 80
民体	37, 38

明朝体	2, 3, 38-46
モーリス・クーラン	85
木版本	2, 4, 37, 171-174, 176, 179, 183, 185
文字教育	29-31
文字の体系	90, 91
木活字	36, 38, 123, 179
モンゴル語学習書	183

ヤ-ワ

訳官	195
訳語	49
柳僖（ユヒ）	147, 152
慵斎叢話	51
横の調和	57
横パッチム	147, 148, 153, 156
李→イ	
吏読	105, 131, 197, 198
略体口訣	131
龍飛御天歌	2, 124, 171, 179, 195
楞嚴經諺解	116, 172
両字表音法	198, 199
綸音	132, 182, 184
綸音諺解	182
類聚名物考	51
ロゴタイプ	7
分かち書き	5, 6
和韓唱和集	145, 160
倭漢節用無雙嚢	51
倭訓栞	50

A-S

ATR	57-62
Eckardt, André	86
Hayata Teruhiro（早田輝洋）	57
Kaji Shigeki（梶 茂樹）	60, 62
Ledyard, Gary	90
NAKS	25
PCT（特許協力条約）	13, 24
Sampson, Geoffrey	88, 89
Staal, Frits	90, 91

訳者
矢島　暁子（やじま　あきこ）
学習院大学文学部卒業，共立女子大学大学院比較文化研究科修士課程修了。高麗大学校大学院国語国文学科修士課程で国語学を専攻。『韓国・朝鮮の知を読む』（野間秀樹編，クオン刊，2014）の翻訳に参加。

世界の中のハングル

2016年5月10日　第1刷発行
2016年7月10日　第2刷発行

著　者　洪宗善ほか
訳　者　矢島暁子
発行者　株式会社 三省堂　　代表者　北口克彦
印刷者　三省堂印刷株式会社
発行所　株式会社 三省堂
　　　　〒101-8371
　　　　東京都千代田区三崎町二丁目22番14号
　　　　電話　編集　(03)3230-9411　　営業　(03)3230-9412
　　　　振替口座　00160-5-54300
　　　　http://www.sanseido.co.jp/

©Akiko Yajima 2016　　Printed in Japan

ISBN978-4-385-35910-6　　　　　　　　　　〈世界の中のハングル・224pp.〉

落丁本・乱丁本はお取り替えいたします

本書を無断で複写複製することは，著作権法上の例外を除き，禁じられています。また，本書を請負業者等の第三者に依頼してスキャン等によってデジタル化することは，たとえ個人や家庭内での利用であっても一切認められておりません。